Benita von Eichborn

Gemüse aus der Vollwertküche

Schmackhafte Rezepte
und praktischer Rat
Mit Warenkunde und Saisonkalender

D1931168

GU

Gräfe und Unzer

Umschlagvorderseite: Broccolisuppe mit Klößchen, Rezept Seite 31. Fenchel mit Paprika und Tomaten, Rezept Seite 40. Junge Möhren, Rezept Seite 44.
2. Umschlagseite: Junge Erbsen mit Perlzwiebeln sollte man unbedingt im Frühsommer essen, wenn die Erbsen ihr bestes Aroma haben. Rezept Seite 41.
3. Umschlagseite: Der leicht nach Anis schmeckende Fenchel läßt sich besonders gut mit anderen Gemüsen kombinieren wie im Rezept Fenchel mit Paprika und Tomaten. Rezept Seite 40.
Umschlagrückseite: Gefüllte Zwiebeln, Rezept Seite 71. Rotkohl mit Kastanien, Rezept Seite 61. Tomatenquiche mit Quarkcreme, Rezept Seite 84.

Farbfotos:
Fotostudio Teubner: 2. Umschlagseite und Seite 25; alle übrigen Farbfotos: Susi und Pete A. Eising

CIP-Kurztitelaufnahme der Deutschen Bibliothek

Eichborn, Benita von

Gemüse aus der Vollwertküche: schmackhafte Rezepte u. prakt. Rat; mit Warenkunde u. Saisonkal. / Benita von Eichborn. - 3. Aufl. - München: Gräfe und Unzer, 1987.

ISBN 3-7742-1812-9

3. Auflage 1987

Redaktion: Nina Andres
Herstellung: Monika Gerretz
Zeichnungen: Ingrid Schütz
Umschlaggestaltung: Heinz Kraxenberger
Satz und Druck: Appl, Wemding
Reproduktion: Brend'amour, Simhart & Co.
Bindung: Sellier, Freising

ISBN 3-7742-1812-9

Benita von Eichborn
lernte in einer Haushaltsschule kochen, richtig gut kochen dann bei ihrem Vater, der begeisterter Hobbykoch war. Später bewirtete sie im Ausland viele anspruchsvolle Gäste. Nachdem sie lange Jahre als Buchhändlerin tätig war, hat sie sich nun ihrem Hobby, dem Kochen, ganz zugewendet. Ihr besonderes Interesse gilt inzwischen der Vollwertküche. Benita von Eichborn lebt am Ammersee/Bayern und beschäftigt sich intensiv mit der Reformküche Bircher-Benners und Kollats und erweitert ihr Wissen über gesunde Ernährung durch Teilnahme an Kursen und Seminaren.

Wichtiger Hinweis

Wenn bei den Rezepten Getreide benötigt wird, so muß beim Getreidekauf darauf geachtet werden, daß das Getreide gereinigt ist. Es muß befreit sein von Schmutz und Unkrautsamen (vor allem Samen der giftigen Kornrade). Auch der wieder häufiger auftretende Pilzparasit, der vor allem den Roggen befällt, das Mutterkorn, darf nicht enthalten sein. Es ist ein schwärzliches, meist stark vergrößertes Getreidekorn. Mutterkorn ruft lebensgefährliche Vergiftungserscheinungen hervor. Getreide muß also vor der Verarbeitung unbedingt verlesen werden.
Weder die Schoten noch die Samen von Hülsenfrüchten dürfen roh verzehrt werden, da erst durch ausreichendes Garen das darin enthaltene natürliche Gift, das Phasin, das ungünstig auf den Eiweißstoffwechsel wirkt, unschädlich gemacht wird. Dieses Gift wird beim Keimen nur teilweise abgebaut; auch Sojabohnenkeimlinge sollen daher nicht zu oft und grundsätzlich kurz erhitzt/blanchiert verzehrt werden.

Inhalt

Inhalt

Inhalt

Alle Rezepte dieses Buches sind für 4 Personen berechnet.

Ein Wort zuvor

Mit Gemüse ist es besonders einfach, sich gesund zu ernähren. Es schmeckt ausgezeichnet, läßt sich roh und gekocht auf die vielfältigste Weise abwechslungsreich zubereiten und, mit den richtigen Beilagen, zu optimalen, vollwertigen Mahlzeiten ergänzen.
Gesund und leistungsfähig können wir nämlich auf die Dauer nur sein, wenn wir naturbelassene, lebendige Lebensmittel zu uns nehmen. Jedes natürliche Lebensmittel besteht aus Inhaltsstoffen in einer ausgewogenen, optimalen Zusammensetzung. In dieser Zusammensetzung der Stoffe kann es von unserem Körper richtig ausgewertet werden. Darum sollen wir die ganze Möhre, den ganzen Apfel essen; nicht den daraus gepreßten Saft. Im Trester, den beim Auspressen übrigbleibenden Rückständen, sind oft mehr Wertstoffe enthalten als im Saft selbst.
Man kann die Pflanze – ein lebendiges Wesen – nicht durch die Zugabe oder Wegnahme einer anderen Substanz qualitativ verbessern! Die Volksseuchen unserer Zeit – Übergewicht, Gelenkkrankheiten, Arteriosklerose, Diabetes, Herzinfarkt, auch krebsartige Entartungen der Zellen – haben oft auch falsche Ernährung zur Ursache. Darmkrebs kann beispielsweise durch eine ballastarme Ernährung hervorgerufen werden. Wer täglich Gemüse ißt und einen Teil davon in Form von Rohkost zu sich nimmt, tut viel für seine Gesundheit. Die beste Ergänzung zu Gemüsegerichten ist Vollkorngetreide. Deshalb enthält dieses Buch auch Rezepte für einfache Getreidegerichte.
Die Menschen unserer Zeit sind großen Belastungen und Anforderungen ausgesetzt. Wir sind mit Gegenwarts- und Zukunftsproblemen konfrontiert, deren Bewältigung eine geistig-seelische und körperliche Gesundheit voraussetzt. Einer gesunden, vollwertigen Ernährung kommt dabei große Bedeutung zu. In diesem Sinn soll dieses Kochbuch wirken. Auch für die, die nur hin und wieder nach pflanzlichen Genüssen Ausschau halten, ist dieser Ratgeber gedacht.
Der interessierte Leser findet im ersten Teil dieses Buches Wissenswertes über unterschiedliche Qualitäten, bedingt durch verschiedene Anbauweisen. Der Saisonkalender gibt Auskunft darüber, welche Gemüsesorten in welchen Monaten bevorzugt werden sollten. Denn für alle Freilandgemüsearten gibt es Spitzenangebotszeiten. Dann sind sie nicht nur preiswerter, sondern schmecken auch ganz besonders gut.
Auch die »Exoten« unter den Gemüsepflanzen wie Artischocken, Bataten und Okras haben ihre Saison.
Das Kapitel Gemüse-Steckbriefe bringt kurze Beschreibungen der einzelnen Pflanzen und sagt, was speziell beim Vorbereiten beachtet werden soll, welches die schonendste Garmethode ist, auf welche Weise, wo und wie lange das Gemüse gelagert werden kann, mit welchen anderen Gemüsesorten es harmonisiert und womit es am besten gewürzt wird.
Der Rezeptteil selbst trägt in seiner Gliederung der Küchenpraxis Rechnung. In den einzelnen Kapiteln finden Sie Rezepte für Suppen und Eintöpfe, für gedünstetes, gebratenes, gefülltes Gemüse, für Aufläufe und Soufflés, für Puddings, Pies und Pizzas. Außerdem gibt es, was für die Gemüseküche sehr wichtig ist, zwei Kapitel mit Beilagen, mit denen zusammen alle Gerichte im Sinne der naturgemäßen Ernährung hervorragend ergänzt werden. Alle Rezepte wurden mehrfach erprobt und gelingen auf Anhieb auch Ungeübten. Schwierigere Arbeitsvorgänge werden in Schritt-für-Schritt-Fotos gezeigt und die vielen, neu für dieses Buch aufgenommenen Farbfotos werden sicher Ihre Kochlust beflügeln.
Daß die Gemüse-Küche Ihrer Gesundheit diene, Gaumen und Augen erfreue und Ihnen ebensoviel Kochvergnügen biete wie der Autorin, wünscht Ihnen

Ihre Benita von Eichborn

Vom Umgang mit Gemüse

»Sauerkraut und Rüben haben mich vertrieben. Hätt' meine Mutter Fleisch gekocht, so wäre ich bei ihr blieben«, heißt es in einem alten Kasperllied. Heutzutage ist es so, daß uns oft gerade das Fleisch den Appetit vertreibt. Manch einer ist verärgert durch Koteletts, die in der Pfanne zusammenschnurren oder enttäuscht von anfangs stattlichen Braten, die im Backofen dann die Hälfte ihrer Substanz – sprich Wasser – einbüßen. Geschmack und Konsistenz des Fleisches von Rind, Kalb, Schwein und Hausgeflügel, die in Einzel- und manchmal auch in Dunkelhaft mit sogenanntem Kraftfutter aufgezogen und gemästet werden, lassen uns nicht ins Schwelgen geraten.

Verlangen nach Pflanzenkost

Immer mehr Menschen, hier sind nicht nur die Asketen und Gesundheitsapostel gemeint, sondern auch die Genießer, denen Essen Lust bereitet, beginnen Kraut und Rüben in einem neuen Licht zu sehen, haben plötzlich einen großen Appetit darauf. Wenn sie diesem Hunger nachgeben, tun sie bewußt oder intuitiv genau das Richtige. Denn Gemüse, das ist wissenschaftlich erwiesen, ist gesund. Was Bircher-Benner vor Jahrzehnten seinen Patienten predigte, nämlich viel pflanzliche Nahrung zur Wiederherstellung und Erhaltung der Gesundheit zu genießen und zu einem großen Teil sogar roh, scheint heute mehr denn je beherzigt zu werden. Rohkost sollte bei keiner Mahlzeit fehlen und immer als erster Gang serviert werden. Dafür braucht man nicht unbedingt ein Kochbuch. Ein grüner Salat je nach Jahreszeit, geraspelte Möhren oder ein anderes Wurzelgemüse mit einer passenden Marinade angemacht, sind stets ein guter Auftakt. Besonders schmackhaft und gesund ist es, wenn ein Viertel bis ein Drittel der für ein Gericht benötigten Gesamtmenge nicht mitgegart, sondern roh und feingerieben oder zerkleinert erst kurz vor dem Servieren der fertigen Speise zugefügt wird. Diese »Handvoll« Rohkost in einem gegarten Gericht hebt dessen Aroma und wertet es mit den lebendigen Inhaltsstoffen der Pflanzen auf.
Doch da tauchen Zweifel auf: Wird man wirklich satt von dem »Grünzeug«? Kann man sich bei Verzicht auf Fleisch überhaupt vollwertig ernähren? Beide Fragen können aus eigener Erfahrung mit Überzeugung bejaht werden. Werden Gemüsegerichte mit Milch, Sahne, Quark oder Eiern zubereitet oder mit einer Beilage aus diesen tierischen Produkten ergänzt, ist die Sorge wegen einer Eiweißunterernährung überflüssig. Vollkorngerichte sind ebenfalls eine sinnvolle und gesunde Ergänzung. Das ganze Korn enthält in den Randschichten und im Keimling viel wertvolles Eiweiß.

Was heißt Qualität

Noch immer gelten offiziell bei uns die nach EG-Normen erstellten Handelsklassen: Extra, I, II und III für Gemüse und Obst, in die die Früchte nach Größe, Form und Farbe eingeteilt werden, so, als seien sie nur zum Anschauen da. Diese Klassen sagen jedoch nichts über die wirkliche Qualität des Gemüses aus. Im Gegenteil, sind die Früchte besonders groß und makellos, kann man sicher sein, daß sie ihre Schönheit mineralischen Düngegaben verdanken. Anorganische Dünge- und Spritzmittel, so wie sie im konventionellem Anbau täglich verwendet werden, lassen die Pflanzen zwar rasch wachsen und große Früchte hervorbringen, bewirken aber, daß Vitamine, Mineralstoffe sowie die Trockensubstanz der Pflanzen abnehmen. Biologisch-organisches Gemüse, das heißt unter Verzicht auf anorgani-

schen Dünger, hochgiftige Pflanzenschutzmittel, Unkraut- und Insektenvertilgungsmittel angebautes Gemüse, ist von weitaus besserer Qualität. Aromatischer, arteigener Geschmack, Farbintensität und nicht zuletzt eine weitaus höhere Lagerfähigkeit sind äußere Gradmesser dafür. Im biologisch-dynamischen Gartenbau wird intensive Bodenpflege durch Verwendung von total verrottetem Stallmist und Pflanzenpräparaten betrieben. Diese Präparate regen das Bodenleben an und sorgen damit für nährstoffreichen Humus. Mischkultur und eine den Pflanzen zuträgliche Fruchtfolge bewirken, daß sich Unkraut und Schädlinge nicht ausbreiten.
Saat, Pflege und Ernte richten sich nach dem Stand von Sonne und Mond. Der Mond hat besonderen Einfluß auf die Kräfte der Pflanzen. So gibt es beispielsweise Arbeitsvorgänge, die nur bei zunehmendem und andere, die nur bei abnehmendem Mond ausgeführt werden sollen. Biologisch-dynamisch wirtschaftende Landwirte und Gärtner sind von der Qualitätssteigerung, die diese Arbeitsweise bei Tier und Pflanze bringt, überzeugt. Wissenschaftlich ist ein Qualitätsunterschied zwischen biologisch-organisch und biologisch-dynamisch gezogenem Gemüse noch nicht bewiesen worden. Wer eine sensible Zunge hat und eine gute Nase, wird beim Vergleich beispielsweise von Möhren aus beiderlei Anbau feststellen können, daß die biologisch-dynamisch gezogenen noch etwas würziger, noch mehr nach Möhre schmecken und intensiver duften.
Versuchen Sie auf jeden Fall, immer gesundes Gemüse aus biologischem Anbau für Ihre Gemüseküche zu bekommen. Reformhäuser und Naturkostläden bieten Bio-Gemüse an. Immer mehr Höfe und Gärtnereien stellen ihre Betriebe auf eine biologische Wirtschaftsweise um. Viele von ihnen verkaufen Gemüse auch ab Hof. Verglichen mit Gemüse aus konventionellem Anbau ist biologisches Gemüse teurer. Wenn es auch dreimal teurer ist, so ist es gleich fünfmal besser! Alle unsere Gartengemüsesorten stammen von wilden Kräutern ab. Alle waren ursprünglich also auch Heilkräuter.

Alles hat seine Zeit

Wir ernten Gemüse, wenn es reif ist. Das heißt, wenn es sein optimales Wachstumsstadium erreicht hat. Blattgemüse, dazu gehören verschiedene Kohlsorten, Spinat und Salat, wenn die Köpfe fest und noch geschlossen sind, wenn die Blätter groß, aber noch zart sind, die Pflanze noch nicht ins Kraut geschossen ist. Wurzelgemüse wird geerntet, wenn die Wurzeln voll ausgebildet, fast ausgewachsen sind, aber im Inneren noch zart, nicht verholzt. Fruchtgemüse wie Tomaten, Gurken, Paprikaschoten, sind reif, wenn die Früchte ausgeformt, prall, kräftig gefärbt sind und duften. Von den meisten Gemüsearten gibt es frühe und späte Sorten. Viele reifen den ganzen Sommer über, können also mehrmals in zeitlichen Abständen gesät und geerntet werden. Ein reichliches Angebot aus Freilandanbau gibt es deshalb von diesen Sorten mehrere Monate lang. Denken wir dabei nur an Kopfsalat, an Zwiebeln, Lauch und Möhren. Andere Arten benötigen viel Zeit zum Wachsen und Reifen. Dazu gehören einige Kohlsorten, verschiedene Knollen- und Wurzelgemüse, und wenige Arten werden erst im Winter geerntet, wie Grünkohl und Rosenkohl oder der Feldsalat.
Wenn auch heutzutage frisches Gemüse aller Sorten das ganze Jahr über zu haben ist, sollten wir doch vorwiegend das zubereiten, welches gerade Saison hat, also nicht wochen- und monatelang gelagert wurde. Zum einen kommt es auch bei optimaler Lagerung zu Wertstoffverlusten, zum anderen ist jedes Gemüse gerade zur Zeit seiner Reife für die menschliche Ernährung

besonders wertvoll. Ein gutes Beispiel dafür ist der Feldsalat, der erst ab November/Dezember geerntet wird. Feldsalat gehört zu den Baldriangewächsen und ist mit dem Ingwer verwandt. Wie der Ingwer, hat Feldsalat eine innerlich wärmende Wirkung. Kohl und andere zu den Kruziferen, den Kreuzblütlern gehörenden Gemüse (Meerrettich, Rettich), enthalten Spuren von Schwefel und Phosphor, Stoffe, die beide »anheizen«, wärmen. Die saftige Gurke wiederum, ein ausgesprochenes Sommergemüse, übt eine kühlende Wirkung aus.

Die richtige Behandlung

Gemüse ist ein »Lebensmittel« im wahrsten Sinne des Wortes, gehen wir also schonend damit um!

- Langes Garen tötet die Wertstoffe in den Pflanzenteilen. Gemüse nicht weicher als bißfest kochen. So werden auch die Aromastoffe am besten bewahrt.
- Möglichst nur soviel zubereiten, wie bei einer Mahlzeit verzehrt werden kann. Beim Aufbewahren der Gemüsegerichte kommt es wie beim langsamen Wiedererwärmen ebenfalls zu Nährstoffverlusten. – Gemüsereste rasch wieder erhitzen.
- Gemüse – vor allem Blattgemüse – nicht lange lagern und, wenn es nicht gleich verarbeitet werden kann, kühl und dunkel aufbewahren. Der Abbau von Karotin, Vitamin C und B 1 in den Pflanzenteilen geht parallel zum Wasserverlust vor sich.
- Wurzel- und Knollengemüse vor dem Putzen, gründlich unter handwarmem fließendem Wasser bürsten, nach dem Putzen nur noch einmal kurz abspülen. Blattgemüse in kleineren Portionen in reichlich schwach warmem Wasser mehrmals waschen, dabei gleich schlechte Blätter entfernen. Erst nach dem Waschen die Wurzelenden abzwicken. Dicke Rippen abflachen, harte Strünke abschneiden.
- Geputztes, zerkleinertes Gemüse, das gilt auch für Kartoffeln, nicht stehen lassen – vor allem nicht in Wasser – sondern sofort weiterverarbeiten, denn in Verbindung mit Sauerstoff kommt es zu Oxidationsprozessen in den Pflanzenzellen. In Wasser werden Vitamine und Salze ausgeschwemmt.
- Wenn Gemüse nicht aus biologischem Anbau stammt, muß heutzutage leider das Kochwasser weggegossen werden, obwohl darin Vitamine und Salze gelöst sind. Das Wasser kann jedoch auch beträchtliche Mengen Schwermetalle, vor allem Blei enthalten, die erst durch das Kochen von der Pflanze abgewaschen werden.
- In Kochgeschirren aus emailliertem Metall, aus feuerfestem Glas, Porzellan oder Keramik gelingen Gemüsegerichte gut. In Eisentöpfen mit festaufliegenden Deckeln zerkocht Gemüse allerdings leicht. Aluminium, Zinn und Kupfer reagieren mit Säure, Aluminium verfärbt auch nichtsaure Gemüsegerichte. Töpfe aus diesen Materialien taugen nicht für die Gemüseküche. Der Dampfdrucktopf bewährt sich für alle Knollen- oder Wurzelgemüse mit langen Garzeiten.
- Beim Einkauf von Gemüse bedenken, daß die meisten Sorten relativ viel Abfall – durchschnittlich 30% – liefern, frische Erbsen beispielsweise oder Grünkohl sogar etwa 50%. Bei einer Ernährung ohne Fleisch dürfen die Gemüseportionen größer sein – 300–400 g geputztes Gemüse sollte man pro Person rechnen.
- In Wurzel-, Blatt-, Stengel- und Fruchtgemüsen herrschen jeweils verschiedene Inhaltsstoffe vor. Deshalb ist es von großer Bedeutung, daß wir täglich etwas von jeder dieser Gemüsearten zu uns nehmen. Das garantiert uns eine ausgewogene Versorgung mit allen lebenswichtigen, in den Gemüse vorkommenden Vitaminen, Mineralstoffen und Spurenelementen.

Vom Umgang mit Gemüse

Saisonkalender

	Jan.	Febr.	März	Apr.	Mai	Juni	Juli	Aug.	Sept.	Okt.	Nov.	Dez.
Artischocken	●	●	●	●	●						●	●
Auberginen						●	●	●	●			
Avocados												
Bataten	●	●	●	●	●	●	●	●	●	●	●	●
Blumenkohl					●	●	●	●	●	●		
Bohnen **grüne Bohnen** **Wachsbohnen**						●	●	●	●			
Broccoli				●	●	●	●	●	●			
Cardy									●	●	●	●
Chicorée	●	●	●							●	●	●
Chinakohl									●	●	●	●
Dicke Bohnen						●	●	●	●			
Erbsen						●	●	●				
Fenchel	●	●	●						●	●	●	●
Grünkohl	●	●	●									●
Gurken					●	●	●	●	●	●		
Kohlrabi						●	●	●	●	●		
Kürbis									●	●		
Lauch	●	●					●	●	●	●	●	●
Mais								●	●			
Mangold						●	●	●				
Meerrettich	●								●	●	●	●
Möhren	●	●	●	●				●	●	●	●	●

Vom Umgang mit Gemüse

	Jan.	Febr.	März	Apr.	Mai	Juni	Juli	Aug.	Sept.	Okt.	Nov.	Dez.
Okras	●	●	●	●	●	●	●				●	●
Paprikaschoten								●	●			
Pastinaken	●								●	●	●	●
Rosenkohl	●									●	●	●
Rote Bete	●	●								●	●	●
Rotkohl	●	●					●	●	●	●	●	●
Schwarzwurzeln	●										●	●
Sellerie												
Knollensellerie	●	●							●	●	●	●
Bleichsellerie	●	●	●							●	●	●
Spargel				●	●	●						
Spinat						●	●	●	●	●	●	●
Spitzkohl					●	●						
Steckrüben Teltower Rübchen	●						●	●				
Tomaten								●	●	●		
Topinambur										●	●	●
Weißkohl	●	●	●						●	●	●	●
Wirsingkohl	●	●					●	●	●	●	●	●
Zucchini							●	●	●	●		
Zwiebeln												
Gemüsezwiebeln									●	●	●	●
Frühlingszwiebeln					●	●						

Gemüse-Steckbriefe von A bis Z

Artischocke

Artischocken sind die Blütenknospen einer großen Distelart. Sie gedeihen in Mittelmeerländern, werden in den Südstaaten der USA und in Mittelamerika kultiviert. Ganze, gegarte Artischocken sind mit einer würzigen, kalt oder warm gereichten Sauce eine köstliche Vorspeise. Ganz junge Artischocken sind so zart, daß man sie vollständig verzehren kann. Man bereitet aus ihnen, auch gemischt mit anderem Gemüse, wohlschmeckende Hauptgerichte. Artischockenböden sind eine besondere Delikatesse. Sie werden gefüllt und meist noch überbacken als Vorspeise gereicht. Beim Einkauf darauf achten, daß die schuppenförmig angeordneten Blätter der Artischocken dicht geschlossen sind und keine braunen, trockenen Spitzen haben. Denn ältere Artischocken und zu lange gelagerte haben faseriges Blattfleisch. Je kleiner die Knospe im Verhältnis zum Stiel ist, desto jünger und zarter ist sie. Artischocken, die nicht sofort verarbeitet werden können, ungeputzt in ein feuchtes Tuch schlagen und kühl und dunkel nicht länger als 3 Tage aufbewahren.
Dieses Gemüse nie in Aluminium- oder Eisentöpfen garen. Es verfärbt sich darin dunkel und schmeckt nach Metall.
Das beste Gewürz für Artischocken ist Zitronensaft.

Aubergine (Eierfrucht, Melanzane)

Die dunkelvioletten, selten auch weißen, glänzenden keulen- oder eierförmigen Früchte mit dem zartgrünen Fleisch lieben ein warmes Klima. Ihre Heimat ist Hinterindien. Zu uns kommen die Auberginen aus den Mittelmeerländern. Die heute angebotenen Züchtungen enthalten nur wenig Bitterstoffe, so daß das Entbittern durch Salzen des Fruchtfleisches kaum noch nötig ist. Auberginen eignen sich gut für gemischte Gemüsegerichte und Aufläufe, weil ihr Fleisch viel Flüssigkeit absorbiert.
Beim Einkauf Früchte mit glatter, glänzender Haut wählen. – Auberginen nicht länger als 3 Tage in Haushaltsfolie gewickelt kühl aufbewahren.
Viele Gewürze passen gut zu dem nicht zu ausgeprägten Eigenaroma der Pflanze. Knoblauch, Paprika, frische Pfefferminze, Rosmarin, Zitronensaft und Zwiebeln sind besonders zu empfehlen.

Avocado

Die aus Südamerika stammende Steinfrucht beziehen wir heute aus Israel. Die birnenförmigen Früchte haben eine glänzende, grüne, manchmal bräunlich-violette narbige Schale und grünlichgelbes Fruchtfleisch, das nur in völlig reifem, weichem Zustand schmeckt. Avocados sind reich an Fett, Eiweiß und Vitamin C. Wir mögen das nußartig schmeckende Fruchtfleisch roh am liebsten. In den Ursprungsländern der Avocado wird es auch in Eintöpfen und Suppen gegart. Avocados gehören zu den Gemüsesorten, die gut nachreifen. Noch harte Früchte lagert man 3–5 Tage bei Raumtemperatur. Passende Gewürze sind Petersilie, Pfeffer, auch Cayennepfeffer und Zitronensaft.

Batate (Süßkartoffel)

Bataten sind die stärkehaltigen Wurzelknollen einer Windenart, die in allen warmen Ländern der Erde angebaut wird. Bataten sind ebenso wandlungsfähig wie unsere Kartoffeln. Leider gibt es sie bei uns nur selten. Süßkartoffeln schmecken köstlich, wenn man sie pikant würzt oder mit Honig oder Fruchtsaft glasiert. Am besten gart man

sie in der Schale wie Pellkartoffeln und verwendet sie dann weiter.
Gewürze, die den Charakter der Batate unterstreichen sind Honig, Ingwer, Karamel, gemahlener Koriander. Kontrastreiche Akzente setzen Cayennepfeffer, Muskat, Paprikapulver, Salbei und Thymian.

Blumenkohl (Karfiol)

Der Kohlkopf ist die übergroße, noch knospig geschlossene Blüte der Pflanze. Blumenkohl ist leicht verdaulich und enthält Vitamin B 1, B 2 und reichlich Vitamin C. Die beste Garmethode für dieses Gemüse ist das Dämpfen im Siebeinsatz über kochendem Wasser. Das sollte nicht länger als 10 Minuten dauern. Der Kohl soll nicht völlig weich sein und beim Herausheben nicht auseinanderfallen. In einzelne Röschen zerteilt kann Blumenkohl auch in wenig Flüssigkeit gedünstet werden. Nicht verkochte Flüssigkeit nicht weggießen, sondern als Grundstock zu einer Brühe, Suppe oder Sauce verwenden. In der Garflüssigkeit ist nämlich ein Teil des wasserlöslichen Vitamins C enthalten.
Blumenkohl kann kühl und trocken 3 bis 4 Tage aufbewahrt werden.
Passende Gewürze sind Muskat und frische Kräuter wie Petersilie, Kerbel, eine Spur von Estragon zur Wahl.

Bohnen

Hier geht es nur um die frischen, noch unreifen Früchte dieser Hülsenfruchtart, um die grünen Bohnen und die Wachsbohnen. Die feinsten und teuersten von ihnen sind die Keniabohnen oder Fadenbohnen, nicht länger als ein kleiner Finger, stets fadenlos und etwa stricknadeldünn. Sie sind so kostbar, daß man sie nur als lukullischen Bestandteil einer feinen Gemüseplatte reichen wird.
Prinzeßbohnen, ebenfalls zart und fein, sind noch nicht ausgewachsene Brechbohnen. Die Brechbohnen selbst sind fleischig, die Bohnenhülsen rund im Querschnitt. Sie sind gut für Eintöpfe und alle Alltagsbohnengerichte geeignet. Schnittbohnen sind flach und grobfleischig. Aus ihnen macht man die berühmten norddeutschen Schnippelbohnen, die in Sahne und Speck schwimmen.
Die gelblichen Wachsbohnen sind zart und fleischig. Sie eignen sich für Salate und schmekken wunderbar, wenn sie ganz einfach gedünstet und mit in Butter gebräunten Semmelbröseln übergossen werden. Frische Bohnen sollten beim Einkauf knackig sein, das heißt sie sollten sich leicht mit einem leisen Knacken durchbrechen lassen.
Aufbewahrt werden sie gewaschen, aber ungeputzt, in ein feuchtes Küchentuch geschlagen, kühl und dunkel nicht länger als 2 bis 3 Tage gelagert.
Frische Bohnen enthalten das giftige Phasin. Nach 10 Minuten Kochzeit ist dieser Stoff unschädlich. Frische Bohnen also nicht als Rohkost reichen!
Außer dem Bohnenkraut sind Löffelkraut, Petersilie, Salbei und Thymian geeignete würzende Zutaten. Bohnen harmonieren gut mit Tomaten und allen Zwiebelarten.

Broccoli

Der grüne Verwandte des Blumenkohls mit den locker verzweigten Kohlröschen schmeckt ein wenig nach Spargel. Er enthält mehr Vitamin C als jede Zitrusfrucht. Broccoli ist noch zarter in der Konsistenz als Blumenkohl und benötigt nur eine kurze Dünst- oder Dämpfzeit. Vor dem Garen unbedingt einige zarte Blättchen und Rös-

chen zurückbehalten und zuletzt roh wiegen und an das fertige Gericht geben. Broccoli ist gut mit Tomaten, jungen Möhren und Spargel kombinierbar.
Beim Einkauf nur kräftig gefärbten Broccoli mit noch geschlossenen Blütenknospenröschen und prallen Stengeln wählen. Broccoli nicht länger als 3 Tage kühl und dunkel lagern. Passende Gewürze sind Knoblauch, Petersilie, Piment und Zitronensaft.

Cardy (Gemüsekarde, Spanische Artischocke)

Die Pflanze ist eine Zuchtform aus den distelähnlichen Kardengewächsen. Sie kann bis zu 2 m hoch werden und wird in Südosteuropa angebaut. Die fleischigen Blattstiele werden zu Gemüse verarbeitet. Cardy erinnert im Geschmack an die Artischocke, mit der sie auch verwandt ist. Beide haben wegen der in ihnen enthaltenen Bitterstoffe eine positive Wirkung auf Galle und Leber. Das wohlschmeckende Gemüse wird bei uns leider nur selten und nur im August und September angeboten. Beim Einkauf müssen 50–60% Abfall einkalkuliert werden, denn zum Verzehr sind nur die dicken Blattstiele der Pflanze geeignet. Sie haben stachelartige Borsten und müssen geschält werden.
Zur Aufbewahrung von Cardy die nicht eßbaren Teile abschneiden und die Stauden, in ein feuchtes Küchentuch gewickelt, im Gemüsefach des Kühlschranks bis zu 2 Tagen aufbewahren.
Cardy wird in Stücke geschnitten, gedünstet und nach Belieben in einer Sahnesauce serviert oder gedünstet und mit einer Decke aus Vollkornbröseln und geriebenem Käse überbacken. Passende Gewürze sind Estragon, ein wenig Macis, Zitronensaft.

Chicorée (Brüsseler Endivie, Witloof)

Die leichte Bitterkeit dieses Sprossengemüses verrät seine Zugehörigkeit zu der Zichorie. Chicoréesprossen werden unter schwarzer Folie oder unter der Erde getrieben, dadurch bleibt das Gemüse zart und weiß.
Die Bitterstoffe, die in dem Keil in der Mitte sitzen, regen den Appetit und die Verdauung an. Man sollte ihn deshalb nach Möglichkeit nicht entfernen. Chicorée wird kurz gedünstet und gerne überbacken.
Beim Einkauf dicht geschlossene Sprossen wählen. Chicorée kann man 2–3 Tage kühl und dunkel aufbewahren. Chicorée mit Muskat, ein wenig Pfeffer und Zitronensaft würzen, auch Curry und Paprikapulver passen recht gut.

Chinakohl (Pekingkohl)

Diese im Geschmack sehr milde Kohlsorte stammt wirklich aus dem Reich der Mitte. Chinakohl ist leicht verdaulich, zart in der Konsistenz und deshalb gut zu kurzem Braten und Schmoren geeignet. Die bis zu 1 kg schweren Stauden können blattweise verarbeitet werden.
Beim Einkauf auf feste, saftige Außenblätter achten. Bräunlich verfärbte Blattspitzen deuten auf falsches oder zu langes Lagern hin. Kühl und nicht zu trocken aufbewahrt hält er sich nach dem Einkauf gut eine Woche frisch.
Wegen ihres unaufdringlichen Aromas ist diese Kohlart mit vielen Gemüsesorten gut zu kombinieren. Möhren, Lauch oder Frühlingszwiebeln, Pilze, grüne Erbsen bilden eine farbliche und geschmackliche Ergänzung zugleich.
Passende Gewürze sind milde Sojasauce, Ingwer, auch eine Spur Piment. Basilikum, ein wenig Minze und die bewährte Petersilie sind die richtigen Kräuter.

Gemüse-Steckbriefe von A bis Z

Dicke Bohnen (Saubohnen, Puffbohnen)

Von dieser Bohnenart werden nur die großen, noch nicht reifen Kerne gegessen. Die Hülsen haben nur wenig und faseriges Fruchtfleisch. Die Kerne sind von einer Haut umgeben, die sich nach kurzem Blanchieren leicht entfernen läßt. Beim Einkauf von frischen dicken Bohnen in den Hülsen einkalkulieren, daß 50–70% Abfall entstehen. Prüfen, ob die Bohnenhülsen trocken und nicht etwa angefault sind.
Dicke Bohnen lassen sich in den Hülsen kühl und trocken und möglichst ausgebreitet 2–3 Tage aufbewahren.
Mit ein wenig Hefeextrakt, Bohnenkraut und Petersilie würzen. In Sahne schmecken sie besonders fein.

Erbsen

Dieses Gemüse gibt es totpasteurisiert und fast völlig aromalos in einem Riesenangebot in Dosen und in etwas besserer Qualität ebenso reichlich tiefgefroren. Doch frische Erbsen sind heutzutage auch in den Sommermonaten rar und kostbar. Köstlich sind die Zuckerschoten, die winzige Erbsen-Embryos enthalten. Man fädelt die Schoten ab und brät sie kurz in Butter. Auch Palerbsen, die »ausgepalt«, das heißt enthülst werden, sollten jung genossen werden. Bei den ausgewachsenen Erbsen wandelt sich der in ihnen enthaltene Zucker in Stärke um und läßt sie mehlig werden. Markerbsen mit ihrer kantigen, fast würfeligen Form schmecken auch als große Exemplare noch leicht süß.
Beim Einkauf bedenken, daß die Hülsen 50% des Gewichtes ausmachen. Keine Erbsen in bräunlichen trockenen Hülsen kaufen. Erbsen stets in den Hülsen und möglichst nicht länger als 1 bis höchstens 2 Tage kühl und nicht zu trocken aufbewahren.
Frische Erbsen als Bestandteil einer feinen Gemüseplatte reichen, mit Pfifferlingen mischen oder mit ganz jungen Möhren.
Auch Frühlingszwiebeln sind eine gute Ergänzung. Frische Erbsen mit einer Prise weißem Pfeffer und etwas Zucker, der die feine Süße dieses edlen Gemüses unterstreicht, würzen. Pfefferminze, Estragon, ein wenig Thymian und natürlich auch Petersilie sind als Kräuter zu empfehlen, jedoch sollte immer nur eines der aufgezählten Kräuter verwendet werden.

Fenchel

Die Fenchelknolle ist der verdickte Stiel der Pflanze. Wie viele Doldengewächse ist Fenchel mild, leicht süßlich und aromatisch im Geschmack und leicht verdaulich. Er hat eine heilende Wirkung bei Erkrankungen der Verdauungsorgane. Fenchel liebt Sonne und Wärme. Er gedeiht in unseren Breitengraden nur in sehr warmen Sommern gut. In Italien, von dort bekommen wir den Fenchel, ist er das beliebteste Gemüse. Man ißt die weißen, fleischigen Knollen und gibt die zarten, feingefiederten grünen Blättchen roh als würzende Zutat an das Gericht.
Beim Einkaufen feste, weiße Knollen wählen. Fenchel mit trockenen, bräunlichen Außenblättern wurde zu lange gelagert. Zum Aufbewahren die Stiele kürzen, zartes Blattgrün abschneiden und mit den Knollen zusammen in Haushaltsfolie oder in ein feuchtes Küchentuch wickeln und nicht länger als 2 Tage im Gemüsefach des Kühlschranks lagern.
Fenchel in wenig Flüssigkeit und etwas erstklassigem Olivenöl dünsten.
Das Gemüse nur mild mit Knoblauch, Muskat oder Zitronensaft und abgeriebener Zitronenschale würzen.

Grünkohl (Braunkohl)

Dieser überaus vitaminreiche, herzhafte Winterkohl gedeiht im Norden Deutschlands besonders gut. Grünkohl muß Frost bekommen haben, damit er leichter verdaulich wird und sein volles Aroma entfaltet. Die krausen, dunkelgrünen Blätter werden von den Rippen gestreift, in Salzwasser blanchiert, grob gehackt und anschließend mit einer großzügigen Fettzugabe gegart. Grünkohl ist eine der wenigen Gemüsesorten, die gut weich gekocht werden sollen. Reichlich frische Petersilie würzt das fertige Gericht und wertet es gleichzeitig mit Vitaminen auf. Keine gelblichen, schlaffen Kohlstauden kaufen. Guter Grünkohl hat knackige, dunkle, dickfleischige Blätter.
Grünkohl sehr kühl und nicht länger als 1 Tag aufbewahren. Es herrscht zwar die Meinung, daß das beste Grünkohlgewürz fette Grützwurst, Schweinebauch und Kasseler sei, doch schmeckt er geradezu vorzüglich mit gemahlenem Koriander, Muskat oder Piment gewürzt und gegart in kräftiger Gemüsebrühe. Sahne und Eigelb mildern den etwas herben Geschmack.

Gurke

Die grünen Schlangengurken gibt es schon verhältnismäßig früh im Sommer. Sie sind ausgesprochene Salatfrüchte. Wenn die grünlichgelben, aromatischen Schmorgurken nicht zu bekommen sind, kann man auch Schlangengurken für Gemüsegerichte verwenden. Gurken entwässern und entgiften die Nieren, entlasten den Kreislauf und sind, äußerlich angewendet, Balsam für die Haut. Gurken aus biologischem Anbau müssen nicht geschält werden. Die grüne Schale enthält das wertvolle Chlorophyll. Beim Gurkeneinkauf festfleischige Exemplare wählen, die Stielenden dürfen nicht schon schrumpeligfaltig aussehen.
Gurken können kühl und nicht zu trocken gelagert 3 Tage ohne große Qualitätseinbußen aufbewahrt werden.
Passende Gewürze und Kräuter sind Anis, Paprikapulver, Bohnenkraut, Dill, Fenchelgrün und Pimpinelle.

Kohlrabi (Oberrüben, Oberkohlraben)

Das sind die verdickten Stiele der Plfanze, nicht deren Wurzelknollen. Aber nicht nur die Kohlrabiknollen sind eßbar. Weit mehr Wertstoffe sind in den grünen Blättern enthalten. Bei jungen Pflanzen sollte man das Blattgrün auf jeden Fall mitverwenden. Hinsichtlich der Inhaltsstoffe gibt es keinen Unterschied zwischen den violetten und den hellen Kohlrabisorten. Zu spät geerntet oder zu lange gelagert werden beide Arten holzig.
Beim Einkauf auf frisches Blattgrün achten, Knollen mit Rissen in der Oberfläche sind oft holzig.
Kohlrabi höchstens 3 Tage kühl gelagert aufbewahren.
Kohlrabi würzt man mit Muskat und weißem Pfeffer. Eine Prise Zucker lockt seine natürliche Süße hervor, Liebstöckel, Petersilie und Pimpinelle sind passende frische Kräuter.

Kürbis

Die großen Beerenfrüchte der Kürbispflanze können bis zu 1 Zentner schwer werden. Diese Riesenkürbisse zählen zu den Winterkürbissen. Sie werden ausgereift geerntet.
Die kleinen Sommerkürbisse gibt es in vielen Formen und Farben. Squash, die flachen, runden, hellhäutigen Früchte, geformt wie fliegende

Untertassen, gehören ebenso dazu wie die beliebten Zucchini. Sommerkürbisse werden noch unreif geerntet. Sie brauchen nicht geschält und entkernt zu werden. Je kleiner diese Kürbisse sind, desto zarter ist ihr Fleisch. Ganze Kürbisse lassen sich auch ungekühlt bei Raumtemperatur problemlos 1–2 Wochen aufbewahren, die großen Gartenkürbisse unangeschnitten sogar mehrere Wochen. Kürbisstücke wickelt man in Folie und hebt sie bis zu 3 Tagen im Gemüsefach des Kühlschranks auf. Kürbisfleisch hat kein ausgeprägtes Eigenaroma, schmeckt aber pikant gewürzt mit Cayennepfeffer, Currypulver, Ingwer, Knoblauch oder Paprikapulver sehr reizvoll. Die Säure der Zitrone rundet Kürbisgerichte angenehm ab.

Lauch (Porree)

Lauch zählt wie die Zwiebel und der Knoblauch zu den Liliengewächsen, die reich an ätherischen Ölen sind. Lauch regt den Stoffwechsel und die Ausscheidung an. Beim Lauch ist die Zwiebelknolle nicht ausgeprägt. Sie bildet einen Scheinstengel mit langen grünen Blättern. Der in den Sommermonaten geerntete Lauch ist milder im Aroma, die Stangen sind verhältnismäßig dünn und rund. Winterlauch ist kräftig im Geschmack, seine Stangen oval im Querschnitt, die Blätter blaugrün gefärbt. Bei Lauch muß man etwa 50% Abfall einkalkulieren. Für Gerichte aus ganzen Lauchstangen nicht zu dicke Exemplare wählen.
Zum Aufbewahren dunkelgrünes Blattgrün abschneiden, die Stangen in Papier wickeln, kühl und trocken etwa 5 Tage aufbewahren, jedoch nicht in der Nähe von Lebensmitteln, die leicht Fremdgerüche annehmen! Knoblauch und Muskatnuß passen auch zu Lauchgerichten gut. Als Kräuter sind Estragon, Kerbel, Liebstöckel und Thymian zu empfehlen.

Mais (Kukuruz, Türkenkorn, Welschkorn)

In Amerika gibt es spezielle Gemüsemaiszüchtungen. »Sweetcorn«, Zuckermais, heißt dort dieses delikate Gemüse. Was bei uns angeboten wird, ist meist der ganz normale Futtermais in seiner Milchreife. Doch auch der schmeckt gut. Maiskörner sondern in diesem Reifestadium, wenn man sie einritzt, einen weißen, süßlichen Saft ab. Das sollte man ungeniert prüfen, wenn man frischen Mais kauft.
Maiskolben höchstens 2 Tage aufbewahren – danach wandelt sich der in den Körnern enthaltene Zucker in Stärke um.
Richtige Gewürze sind Cayennepfeffer, Currypulver, Paprikapulver und Pfeffer.

Mangold

Das kräftige, angenehm herb schmeckende Blattgemüse verdient es, wieder neu entdeckt zu werden. Mangold gibt es in den Sommermonaten von Juli bis September. Er wird leider viel zu selten angeboten. Wir unterscheiden Blattmangold und Stielmangold. Beim Blattmangold ähneln die großen Blätter in ihrer Beschaffenheit dem Winterspinat. Man bereitet sie auch wie Spinat zu. Stielmangold wird wie Spargel in Salzwasser gegart und gern in einer Sahnesauce oder auf polnische Art zubereitet.
Mangold mit frischem Laub und prallen, knackigen Stielen kaufen. Die chlorophyllhaltigen Blätter büßen beim Aufbewahren wertvolle Vitalstoffe ein. Mangold vormittags einkaufen oder ernten und möglichst bald zubereiten. Notfalls in ein feuchtes Küchentuch einschlagen und einige Stunden im Gemüsefach des Kühlschranks aufbewahren.
Zu Mangold passen als würzende Zutaten Knoblauch, Liebstöckel, Petersilie, weißer Pfeffer und Zitronensaft gut.

Meerrettich (Kren)

Dieses scharfe Wurzelgemüse schätzen wir hauptsächlich als würzende Zutat. Meerrettich hat belebende und heilende Kräfte. Die in ihm enthaltenen ätherischen Öle reizen die Schleimhäute etwas, wirken dabei aber lösend und befreiend. Meerrettich regt außerdem die Leberfunktion an. Auch sein hoher Vitamin-C-Gehalt macht ihn wertvoll.
Die frischen Wurzeln sind viel schärfer als der konservierte Meerrettich.
Beim Meerrettichkauf Stangen wählen, die nicht elastisch biegsam sind, sondern hart und damit auch saftig.
Meerrettich für lange Lagerung in feuchtem Sand in einer Holzkiste eingraben (einschlagen). In Papier gewickelt im Gemüsefach des Kühlschranks bis zu einer Woche aufbewahren.
Frischer, geriebener Meerrettich paßt gut zu rote-Bete-Gemüse, Wirsing und Grünkohl.

Möhren (Mohrrüben, Karotten, gelbe Rüben)

Dieses Wurzelgemüse aus der Familie der Doldengewächse ist reich an Vitalstoffen und belastet den Organismus kaum. Möhren sind beispielsweise die erste Gemüsemahlzeit des Säuglings. Das in ihnen reichlich enthaltene Provitamin A (Karotin) wird vom Körper in Vitamin A umgewandelt. Es ist wichtig für die Erhaltung der Sehkraft, sorgt für eine gesunde Haut und Schleimhaut.
Karotten sind genaugenommen nur die kleinen kugelig runden frühen Sorten. Sie werden fast ausschließlich von der Konservenindustrie verarbeitet und selten frisch angeboten.
Sommer- und Wintermöhren sind längliche, spitz zulaufende Wurzeln. Möhren harmonieren mit vielen Gemüsesorten, besonders gut mit Blumenkohl, Erbsen, grünen Bohnen, Weißkohl, Wirsingkohl oder Zwiebeln. Beim Einkauf von jungen Sommermöhren auf frisches Blattgrün achten. Spätere Sorten haben oft Wühlmausfraß und auch Faulstellen. Vor allem zum langen Lagern nur tadellose Ware wählen. Die großen späten Sorten sind gut zum Einkellern geeignet. Wenn man sie im Herbst in größeren Mengen preisgünstig beim Erzeuger kaufen kann, schlägt man sie ein, das heißt, man lagert sie in Holzkisten an einem möglichst kühlen Ort in einem Gemisch aus Sand und Erde.
Sonst halten Möhren sich, vor Sonnenlicht geschützt, etwa 2 Wochen frisch.
Anis und Fenchelsamen, die auch zu den Doldengewächsen zählen, sind besonders feine Möhrengewürze. Honig unterstreicht die Süße. Ingwer und Piment geben eine leicht süßliche Schärfe. Petersilie und Pfefferminze sind mit ihrem frischen Aroma die rechte Ergänzung für gekochte Möhren.

Okra (Gombo, Gumbo, Ladyfinger)

Die Okraschoten sind die Früchte einer Eibischpflanze, die nur in warmen Ländern gedeiht. Okras werden noch unreif geerntet. Die schlanken, kantigen Schoten haben eine pelzige Haut. Der in ihnen enthaltene Saft wird beim Erhitzen schleimig und hat die Eigenschaft, Flüssigkeit zu binden. Deshalb sind Okras gut für Eintopfgerichte geeignet. Im Geschmack erinnert diese Frucht entfernt an Stachelbeeren. Sollten Sie frische Okraschoten entdecken, kaufen Sie nur ganz kleine, höchstens fingerlange Exemplare, ältere Früchte bekommen eine harte, stachelige Haut und sind fast ungenießbar. Okras können nicht geschält werden. Sie würden dabei völlig die in ihnen enthaltene Flüssigkeit verlieren.
Okras nicht länger als 3 Tage im Gemüsefach des Kühlschranks aufbewahren.

Das Gemüse verträgt herzhafte, aber auch besonders scharfe Gewürze: Cayennepfeffer, Chilischoten, Currypulver, Ingwer, Knoblauch, Koriander, auch frische Kresse und Zitronensaft können hier geschmacklicher Kontrast und Ergänzung sein.

Paprikaschoten

Die großen gelben, roten, hellgrünen oder kräftig grün gefärbten Gemüsefrüchte sind eine Zuchtform der Gewürzpaprikapflanze. Paprikaschoten werden im nördlichen Mittelmeerraum und in allen Balkanländern angebaut. Paprika ist eine der Vitamin-C-reichsten Gemüsesorten. Er enthält beispielsweise fast dreimal soviel Vitamin C wie Zitronen. Die gelben Schoten sind mild im Geschmack, ein besonders feines Aroma haben die länglichen, spitz zulaufenden hellgrünen Paprikaschoten. Roter Gemüsepaprika schmeckt würzig und zart süßlich, die grünen Paprikaschoten am kräftigsten. Sie werden aus Anbau unter Glas oder Folie ganzjährig angeboten und machen, da sie die unreifen Früchte des roten Gemüsepaprikas sind, im Juli den Anfang im Paprikaangebot aus Freilandanbau. Das Gemüse ist hervorragend zum Kombinieren mit anderen Gemüsearten des Hochsommers geeignet. Tomaten, Auberginen, Zucchini und Gurken passen besonders gut. Paprikaschoten unserer Zeit schmecken nicht mehr scharf. Selbst die in ihnen enthaltenen weißen Kerne haben ihr Feuer eingebüßt. Ein Paprikagericht ist also nicht verdorben, wenn es einen Teil der kleinen Kerne und der Rippen der Schoten enthält. Bei Paprikaschoten unbedingt auf glänzende glatthäutige Früchte achten.
Paprikaschoten können kühl und trocken etwa 3 Tage ohne größere Wertstoffverluste gelagert werden.
Basilikum, Dost – die wilde Form unseres Majorans – Knoblauch, Oregano, Paprikapulver, Rosmarin und Zitronensaft – alles Gewürze der Mittelmeerländer – runden ein Paprikaschotengericht vollendet ab.

Pastinaken (Hammelmöhren)

Das ist ein interessantes Wurzelgemüse. Es heißt, die Pastinake sei eine Kreuzung aus Wurzelpetersilie und Sellerie. Pastinaken haben ein schwachsüßliches Aroma wie alle Gemüsearten der Doldengewächse. Sie benötigen zur Milderung und Abrundung ihres fast etwas aggressiven Eigengeschmacks ein wenig Sahne oder Ei. Eine gute Ergänzung sind Kartoffeln oder Möhren.
Die großen, weißen bis gelblichen Wurzeln erinnern in der Form an Wintermöhren. Man kann sie wie diese in Erde eingeschlagen längere Zeit lagern. Sonst lassen sich Pastinaken, kühl und dunkel gelagert, etwa 2 Wochen aufbewahren. Pastinaken würzt man richtig mit Anis, Fenchel, etwas Honig, gemahlenem Koriander. Das Küchenkraut der Wahl ist hier Petersilie.

Rosenkohl (Brüsseler Kohl, Sprossenkohl)

Eine der wohlschmeckendsten und bekömmlichsten Kohlarten. Rosenkohl ist wie alle grünen Gemüsepflanzen reich an Vitamin C. Die kleinen Kohlröschenknospen, sozusagen Miniatur-Kohlköpfe, wachsen am Stengel der Pflanze jeweils dort, wo er sich verzweigt. Wie Grünkohl, schmeckt auch Rosenkohl am besten, wenn er etwas Frost bekommen hat. Rosenkohl paßt gut zu Schwarzwurzeln, die auch zum Wintergemüse zählen. Am wertstoffschonendsten dünstet man diesen zarten Kohl in etwas Fett und wenig Flüssigkeit.

Beim Einkaufen vor allem auf festgeschlossene Kohlröschen achten. Je kleiner die Köpfchen, desto feiner sind sie im Geschmack. Gelber Rosenkohl wurde zu warm und zu lange gelagert. Wer Rosenkohl im eigenen Garten anbaut, weiß, daß man ihn – auch bei Minusgraden – am besten an der Kohlpflanze »aufbewahrt« und nur nach Bedarf erntet. Gekauften Rosenkohl kühl, trocken und dunkel nicht länger als 2 Tage aufbewahren.
Muskatnuß, weißer Pfeffer, Petersilie und Salbei geben Rosenkohl die richtige Würze.

Rote Beten (rote Rüben, Randen)

Ein überaus gesundes Wurzelgemüse, das besonders im Sommer wohlschmeckende Salate und Gemüsegerichte ergibt. Rote Beten sind ein bewährtes Stärkungsmittel für Rekonvaleszenten und blasse Kinder. Sie wirken vorbeugend gegen Grippe und Erkältungskrankheiten. Rote Beten wirken ähnlich wie Möhren hautverschönernd.
Die kleinen, etwa apfelgroßen Rüben aus den ersten Ernten schmecken besonders gut. Je älter und größer die Rüben werden, desto mehr Zellulose bilden sie, desto längere Garzeiten werden benötigt, wodurch der Wertstoffverlust steigt. Deshalb lohnt es sich, in den Angebotszeiten dieses Gemüse für den Winter einzukochen.
Möglichst kleine Rüben kaufen, im Sommer dabei auf frisches Laub achten.
Zum Aufbewahren die Blätter abschneiden und die Rüben kühl und trocken und nicht länger als 1 Woche lagern.
Rote Beten würzt man gut mit geriebenem frischem Ingwer, gemahlenem Koriander, Kümmel, geriebenem Meerrettich, gemahlenen Senfkörnern, Zitronensaft und Zwiebeln. Sie gehören zu den Gemüsesorten, die durch frische Kräuter nicht unbedingt an Geschmack gewinnen.

Rotkohl (Blaukraut)

Wie alle Kohlsorten ist Rotkohl ein wertvolles Gemüse, reich an Vitamin C, Kalk und Eisen. Bei den sehr festen, rund geschlossenen blaugrünen oder roten Köpfen fällt die feine Wachsschicht, die allen Kohlsorten eigen ist, besonders auf. Sie ist Schutz der äußeren Blätter und steht im Zusammenhang mit dem in den Samen aller Kreuzblütlern reichlich vorhandenem fetten Öl. Rotkohl wird am besten geschmort.
Wird Rotkohl kühl, luftig, trocken und nicht zu hell gelagert, hält er sich einige Wochen frisch. Für 2–3 Tage kann man auch angeschnittene Kohlköpfe im Gemüsefach des Kühlschranks aufbewahren.
Dieser Kohl schmeckt erst richtig gut mit einer ganzen Reihe von würzenden Zutaten, die man als klassische Rotkohlgewürze bezeichnen könnte. Fett, wir nehmen ein gutes neutralschmeckendes Pflanzenöl, mit Nelken und Lorbeerblatt besteckte Zwiebel, Muskatnuß, Pfeffer, etwas Süße und etwas Säure, die für eine schöne Rotfärbung sorgen. Zum Süßen Honig, Himbeersaft ohne Zucker, Birnendicksaft oder Johannisbeergelee verwenden. Diese Zutaten würzen besser als Zucker. Mit erstklassigem rotem Weinessig und etwas Rotwein abrunden.

Schwarzwurzeln

Die langen, etwa 2 cm dicken Wurzelstangen haben eine dunkle, fast schwarze Schale. Die Wurzeln enthalten viel Vitamin E, das sonst hauptsächlich in Nüssen, Getreidekeimen und Meeresfrüchten vorkommt. Dieses Vitamin regelt die Keimdrüsenfunktion. Schwarzwurzeln sind ein ausgesprochen feines Gemüse, im Geschmack etwas an Spargel erinnernd. Ihr weißer, milchartiger Saft hat allerdings die Eigenschaft, alles, was damit in Berührung kommt, rostrot zu färben.

Von den Händen entfernt man diese unschönen Verfärbungen mit Zitronensaft, aus Textilien gehen sie nur schwer wieder heraus.
Schwarzwurzeln werden in reichlich Salzwasser mit etwas Zitronensaft oder Essig gekocht. Die Säure verhindert, daß sich die geschälten weißen Wurzeln dunkel färben.
Beim Einkauf pralle, feste, vor allem unverletzte, nicht gebrochene Wurzeln wählen.
Schwarzwurzeln dick in Zeitungspapier wickeln und kühl und trocken 2–3 Tage aufbewahren. Größere Mengen wie Meerrettich in Sand und Erde einschlagen und in einem kühlen Raum lagern. Schwarzwurzelgemüse mit Macis (Muskatblüte) und mildem Paprikapulver würzen, mit frischer Petersilie aufwerten.

Sellerie

Von dieser uralten Kulturpflanze gibt es das Knollengemüse, den in allen südeuropäischen Ländern und in den USA so beliebten Bleich- oder Stangensellerie und zu Würzzwecken Schnittsellerie. Man sagt vor allem Knollensellerie wunderbare Kräfte nach; die Volksheilkunde preist ihn als Aphrodisiakum. Richtig ist, daß Knollensellerie Vitamin E und alle Selleriearten viele Mineralstoffe enthalten.
Sellerie ist in jeder Form bei kochsalzarmer Diät eine gute Würzhilfe.
Knollensellerie kann ungeschält gedämpft oder geschält und in Scheiben geschnitten in wenig Flüssigkeit gedünstet werden. Tomaten passen gut dazu und außerdem, wie im Suppengrün, Möhren und Lauch.
Kleine oder mittelgroße Knollen beim Einkauf bevorzugen. Allzugroße Sellerieknollen haben leicht schwammiges Fruchtfleisch und sind manchmal hohl.
Ganze Sellerieknollen zum Überwintern wie Möhren und Schwarzwurzeln in Sand einschlagen. Selleriestücke in Haushaltsfolie gewickelt bis zu 1 Woche im Gemüsefach des Kühlschranks aufbewahren.
An Gemüsegerichte aus Knollensellerie frisches Selleriegrün, Liebstöckel oder Petersilie geben.
Bleichsellerie ist eine Selleriestaude mit fleischigen Blattstielen. Durch rechtzeitiges Anhäufeln mit Erde während seines Wachstums wird Bleichsellerie hell gehalten. Die Stangen enthalten zwar viel Faserstoffe, doch sind sie nicht verholzt und noch zart in der Konsistenz. Stangensellerie schmeckt sehr mineralisch-salzig und ist roh genossen wunderbar erfrischend. Doch auch als feines Gemüse, ähnlich wie Stielmangold zubereitet, ist er gut.
Auf frisches Blattgrün an den Stangen achten. Keine Stauden kaufen, die außen faserig und trocken wirken.
Die Stauden gewaschen, aber nicht zerteilt, in ein feuchtes Küchentuch gewickelt bis zu 3 Tage kühl aufbewahren.

Spargel

Spargel sind die Sprossen der Spargelpflanze. Sie werden gestochen, wenn die Köpfe gerade durch die Erdoberfläche zu stoßen beginnen. Läßt man die Sprossen weiterwachsen, färben sie sich grün und reichern sich im Sonnenlicht mit Vitaminen und Aromastoffen an. So bedauerlich dies ist: Die weißen Spargelsprossen, zarte, duftende und vielgeschätzte Delikatesse, enthalten, sieht man von ein wenig Vitamin C ab, wenig Vitalstoffe. Doch da wir kaum in die Gefahr geraten werden, uns ausschließlich von diesem Gemüse zu ernähren, können wir uns getrost zur Spargelzeit im Mai und im Juni hin und wieder das große Vergnügen eines Spargelessens gönnen.
Nur wirklich frischen Spargel, das heißt höchstens am Tag zuvor gestochenen Spargel kau-

fen. Besonders auf die Enden achten. Erscheinen sie trocken und schrumpelig zusammengedrückt, taugt auch die übrige Stange nicht mehr viel. Mitteldicke bis dünne Spargel schmecken besser als die superdicken Stangen, grüner Spargel besser als weißer. Für ein Spargelessen rechnet man pro Person 500–700 g Spargel.
Spargel möglichst vormittags kaufen und – wird er nicht gleich zubereitet – behutsam in reichlich handwarmem Wasser waschen, ungeschält in ein feuchtes Küchentuch schlagen und im Gemüsefach des Kühlschranks oder im kühlen Keller nicht länger als 24 Stunden aufbewahren.
Spargel wenig würzen. Ins Spargelkochwasser außer Salz auch einen Teelöffel Zucker und einen Teelöffel Butter geben. Zerlassene frische Butter ist eine vortreffliche geschmackliche Abrundung. Es gibt Gourmets, die behaupten, die beste Beilage zu Spargel sei Spargel.

Spinat

Das grüne Blattgemüse enthält weit weniger Eisen, als gemeinhin angenommen wird, dafür aber viel Vitamin C, Karotin und das ganze Spektrum der Mineralstoffe in schöner Ausgewogenheit. Spinat enthält allerdings eine beträchtliche Menge Oxalsäure, vor der sich Menschen mit Neigung zu Nierensteinen hüten sollen. Außerdem führt rigorose Düngung dazu, daß im Spinat in gefährlichen Mengen Nitrat gespeichert wird. Nitrat verwandelt sich nach der Aufnahme im Körper in Nitrit. Nitrit bildet Nitrosamine, die krebserzeugend wirken. Für Säuglinge kann ein Zuviel an Nitrat besonders gefährlich sein. Spinat für Säuglinge deshalb wirklich nur aus biologischem Anbau kaufen.
Die Spinatsorten sind stark unterschiedlich in Blattgröße und Struktur. Winterspinat gibt es im März und April. Diese Sorte überwintert bis zur Ernte im Freien. Er ist derb im Blatt und sehr aromatisch. Frühen Sommerspinat gibt es von Mai bis Juli, Herbstspinat von September bis November. Diese beiden Sorten sind feinblättrig und auch zum Rohessen geeignet.
Nur taufrischen Spinat kaufen. Dieses Gemüse büßt innerhalb weniger Stunden durch Verdunstung über die Blattoberfläche den größten Teil seiner Vitalstoffe ein. Aus diesem Grund Spinat auch rasch verarbeiten. Notfalls gewaschen in ein feuchtes Küchentuch eingewickelt einige Stunden im Gemüsefach des Kühlschranks aufbewahren.
Spinat mit etwas frischem Knoblauchsaft, geriebener Muskatnuß und weißem Pfeffer würzen. Eine angenehme geschmackliche Nuance geben ein wenig gekörnte Gemüsebrühe, möglichst mit Hefezusatz und 1 Prise Zucker. Sahne mildert die Herbheit von Winterspinat.

Teltower Rübchen (Märkische Rübe)

Die kleinen bräunlichen Rübchen werden seit langem in der Mark Brandenburg in der Gegend von Teltow angebaut. Sie gedeihen gut im lockeren Sandboden. Im Hamburger Gemüsegarten Vierlanden versucht man sich jetzt ebenfalls im Anbau dieser delikaten Gemüseart.
Frische Teltower Rübchen sind so kostbar, daß man ihre Qualität nicht durch langes Aufbewahren mindern sollte.
Sie werden sorgfältig geschabt und im karamelisiertem Zucker und wenig Brühe gedünstet.

Tomate (Paradeiser)

Alle reifen Tomaten sind reich an Vitamin A, B, C und E. Weil wir uns vollwertig ernähren wollen, verzichten wir auf Tomatenkonserven, die in großer Fülle und Vielfältigkeit zu haben sind und bereiten Tomatengerichte aus frischen Früchten

zu. Auch sollten wir stets versuchen, Früchte aus biologischem Anbau zu bekommen, denn gerade Tomaten werden im konventionellen Anbau oft falsch gedüngt und viel gespritzt. Tomaten kann man auch ohne Mühe mit gutem Erfolg und reichem Ertrag auf einem sonnigen Balkon ziehen. Sie brauchen Komposterde; als Düngung lieben sie verrotteten Stallmist.
Auch bei Tomaten sind viele Wertstoffe in der Schale, der dünnen Tomatenhaut, angereichert. Wer mag, verwendet die Früchte ungeschält. In den Rezepten heißt es jedoch immer: ». . . die Tomaten erst häuten«, weil die harten Schalenreste im Essen oft als störend empfunden werden. Gut ist es natürlich, Tomaten roh zu essen, sie schmecken zu allen Gemüse- und Getreidegerichten gut.
Tomaten lassen sich, kühl und dunkel gelagert (aber nicht im Kühlschrank) 2 bis 3 Tage aufbewahren. Noch unreife Tomaten bei Raumtemperatur möglichst im Sonnenlicht nachreifen lassen.
Klassische Tomatengewürze sind Basilikum, Knoblauch, Oregano, Rosmarin und Zwiebeln, außerdem passen gut Petersilie, Salbei, Schnittlauch und Thymian.

Topinambur (Erdartischocke, Erdbirne, Knollensonnenblume)

Topinambur gelangte im 17. Jahrhundert aus Amerika nach Europa. Der Name »Knollensonnenblume« paßt wohl am besten zu dieser Pflanze, denn sie ist eine knollenbildende Sonnenblume. Die Knollen sind der Teil, den wir als Gemüse schätzen. Topinamburknollen erinnern im Aussehen an die verzweigten frischen Ingwerknollen. Sie haben eine feste, doch zugleich sehr zarte Konsistenz und schmecken roh nach frischen Haselnüssen, gegart erinnern sie an Artischocke und Kartoffel. Topinamburknollen enthalten keine Stärke, sondern den stärkeähnlichen Stoff Inulin, der die Wirkung von Insulin unterstützt. Deshalb spielen sie in der Diabetikerernährung eine große Rolle.
Die Knollen können als Rohkost und gebraten oder gedünstet als Gemüse zubereitet werden. Wenn sie gründlich gewaschen werden, brauchen sie auch für Salat nicht geschält zu werden. Man reibt sie auf einer groben Reibe. Topinambur können wie Pellkartoffeln gegart werden. Man kann sie auch roh in Scheiben schneiden und in Öl braten. Sie garen rasch. Um den feinen Eigengeschmack nicht zu überdecken, würzt man sie nur mild mit ein wenig Zitronensaft, einem Hauch gemahlenem Kümmel, Kräutersalz und einer Spur Honig. Sahne und gehackte Nüsse oder Nußmus sind eine gute Ergänzung.

Weißkohl (Weißkraut, Spitzkohl, Kappes)

Der wichtigste Vertreter der Kohlsorten ist gleichzeitig der preiswerteste, was ihn im Ansehen des Verbrauchers sinken läßt. Das ist schade, denn er ist ebenso reich an Wertstoffen wie der teurere Rosenkohl und, gut zubereitet, sehr schmackhaft. Die frühen Sorten, vor allem der in Norddeutschland beliebte Spitzkohl, sind zart, leicht verdaulich und im Geschmack ähnlich mild wie Chinakohl.
Weißkohl läßt sich gut mit frischen Bohnenkernen, Möhren, Lauch, Sellerie und Zwiebeln kombinieren und vielfältig variieren.
Beim Einkauf feste Köpfe wählen, die keine braunen Stellen haben.
Angeschnittenen Weißkohl in Haushaltsfolie wikkeln und im Gemüsefach des Kühlschranks bis zu einer Woche aufbewahren. Ganze Köpfe können im kühlen Keller auf einem Lattenrost 2–3 Monate gelagert werden.
Wichtigstes Gewürz ist Kümmel. Das im Kümmel enthaltene ätherische Öl macht Kohl leichter ver-

Bild rechts: Als Dicke Schottische Gerstensuppe ist diese gute Gemüsesuppe bekannt. Rezept Seite 29. ▷
Zum Bild auf der Seite 26: Die Broccolisuppe ist leicht und hat einen aparten Geschmack. Rezept Seite 31.

daulich. Außerdem passen Koriander, Lorbeerblatt und Pfeffer gut dazu, und die geeigneten Kräuter sind Beifuß, Borretsch, Liebstöckel und Petersilie.

Wirsingkohl (Welschkohl, Welschkraut)

Die grüne, lockere Köpfe mit krausen Blättern bildende Kohlart hat einen ausgeprägten Geschmack.
Für Wirsing gilt im großen und ganzen das gleiche wie für Weißkohl, doch ist seine Lagerfähigkeit nicht ganz so gut. Im Kühlschrank kann er ebenfalls etwa 1 Woche aufbewahrt werden, im kühlen Keller auf einem Lattenrost etwa 1 Monat.
Wirsing würzt man gut mit Koriander, Kümmel, Petersilie und schwarzem Pfeffer.

Zucchini

Das grüne, gurkenähnliche Fruchtgemüse zählt zu den Kürbissen. Je kleiner Zucchini geerntet werden, desto besser ist ihr Geschmack. Kleine Exemplare können ungeschält, nur kurz blanchiert und dann im ganzen gebraten werden. Haben die Früchte erst einmal die Ausmaße einer Gurke erreicht, muß man sie schälen und dünsten oder garkochen. Zucchini können mit allen sommerlichen Fruchtgemüsesorten kombiniert werden.
Möglichst kleine feste Früchte wählen, die am Stielansatz weder weich sind noch schrumpelig aussehen.
Zucchini können in Papier gewickelt im Gemüsefach des Kühlschranks bis zu einer Woche aufbewahrt werden.
Zucchini, die nicht viel Eigenaroma haben, würzt man gut mit Cayennepfeffer, Dill, Knoblauch, Petersilie, weißem Pfeffer, frischer Pfefferminze und Zitronensaft.

Zwiebel

Zwiebeln aller Arten gehören zur großen Familie der Liliengewächse. Seit Urzeiten kennt die Volksmedizin die heilenden und regenerierenden Kräfte der Zwiebel, die sich im Knoblauch noch verstärken. Dieser wirkt entzündungshemmend im Magen-Darm-Bereich, vorbeugend gegen Altersbeschwerden, vor allem gegen Arteriosklerose. Die Zwiebel soll außerdem noch herz- und nervenstärkend wirken. Alle Zwiebeln enthalten viel Vitamin C und ein ätherisches Öl, von dem Schärfe und Geruch der Zwiebel herrühren.
Für die Gemüseküche sind vor allem die großen rundgeformten weißen Gemüsezwiebeln und die etwas kleineren, im Geschmack ebenfalls süßlich-milden roten Zwiebeln, auch spanische Zwiebel genannt, interessant. Gemüsezwiebeln eignen sich hervorragend zum Füllen, die roten Zwiebeln ergeben gedünstet ein mildes, aromatisches Gemüse. Die kleinen Frühlingszwiebeln mit dem frischen, grünen Lauch schmecken kleingeschnitten und kurz gebraten beispielsweise gemischt mit Zuckererbsen oder jungen Möhren köstlich.
Beim Zwiebelkauf selbstverständlich nur feste Knollen wählen, keine Zwiebeln kaufen, bei denen sich schon grüne Blattspitzen zeigen. Wenn Zwiebeln zu treiben beginnen, sind sie bald völlig ausgelaugt.
Zwiebeln trocken und luftig aufbewahren. Ideal ist ein hängender Drahtkorb. Zwiebeln, die würzende Zutat bei fast allen herzhaften Gerichten sein können, benötigen selbst nur wenig Gewürze. Oregano, Petersilie und Salbei würzen so stark, daß sie vom Zwiebelaroma nicht überdeckt werden, sondern eine geschmacklich gute Ergänzung bilden. Außerdem würzen Knoblauch und Paprikapulver die Zwiebelgerichte angenehm.

Kräftige Gemüsebrühe

Eine Brühe ist auch in der Vollwertküche die Grundlage vieler Gerichte. Eine gute Gemüsebrühe ist sehr wohlschmeckend, leicht verdaulich und deckt unseren Flüssigkeitsbedarf auf eine gesunde Weise. Bei sorgfältiger Zubereitung können die meisten der verwendeten Zutaten dann noch als Gemüse gegessen oder zu einem Püree verarbeitet werden.

Zutaten für etwa 1½ l Brühe:
1 Zwiebel • 1 mittelgroße Sellerieknolle • reichlich Selleriegrün vom Knollensellerie • 2 Stangen Lauch • 250 g Möhren • 2 Petersilienwurzeln • 1 kleiner Blumenkohl oder 1 Blumenkohlstrunk und Blumenkohlblätter • 1 kleiner Weißkohl (etwa 300 g) • 1 Kohlrabi • 2 Tomaten • 125 g grüne Bohnen • 125 g frische Erbsen in den Schoten • 1 Eßl. Butter • 2 Teel. getrocknetes Basilikum • 1 Teel. Meersalz

Für ¼ l Brühe etwa 85 Joule/20 Kalorien
Zubereitungszeit: 1 Stunde und 30 Minuten

Die Zwiebel schälen und grob zerschneiden. Die Sellerieknolle unter fließendem Wasser gut bürsten und halbieren. Das Selleriegrün waschen. Vom Lauch die welken Blätter und Blattspitzen abschneiden, die Stange halbieren und gründlich waschen. Die Möhren und die Petersilienwurzeln waschen und, wenn nötig, schaben. Den Blumenkohl gründlich waschen. Vom Weißkohl schlechte Blätter entfernen und die Kohlhälfte einmal durchschneiden. Die Tomaten waschen, halbieren und die Stielansätze entfernen. Die Bohnen und die Erbsen ebenfalls waschen, die Stielenden und Spitzen abschneiden. Die Erbsenschoten abfädeln. Die Butter in einem großen Topf bei schwacher Hitze zerlassen und alles Gemüse darin kurz andämpfen, jedoch keine Farbe annehmen lassen. Das Basilikum zufügen und nach Belieben salzen. Das Gemüse mit etwa 2 l kaltem Wasser übergießen, so daß es gut davon bedeckt ist. Das Wasser zum Kochen bringen und das Gemüse in etwa 40 Minuten weichkochen – es soll jedoch nicht zerfallen. Das Gemüse während der Garzeit nicht umrühren, weil die Brühe sonst trüb wird. Die Brühe durch ein Sieb in einen anderen Topf gießen und bei schwacher Hitze noch etwas einkochen lassen.

Mein Tip: Gartenbesitzer, die im Herbst noch Bohnen oder Erbsen an den Sträuchern finden, können diese im Ganzen verwenden und jeweils eine Handvoll mitgaren. Die Brühe wird noch kräftiger im Geschmack. Die Gemüsebrühe kann gut eingefroren werden.

Minestrone

1 kleine Zwiebel • 1 kleine Stange Lauch • 1 Stück Sellerieknolle • 2 Kartoffeln • 1 Weißkohl- oder Wirsingkohlviertel • einige Mangoldblätter oder 50 g Spinat • 2 Tomaten • 2 Eßl. Öl • 2 l Wasser • 3 Eßl. frisch gehacktes Liebstöckel und frisch gehackter Thymian oder andere frische Kräuter • 2 Teel. Meersalz • 150 g Vollkornnudeln • 1 Eßl. Hefeextrakt • 2 Eßl. (50 g) Emmentaler, frisch gerieben

Pro Portion etwa 1 090 Joule/260 Kalorien
Zubereitungszeit: 1 Stunde und 30 Minuten

Die Zwiebel schälen und hacken. Vom Lauch die harten, dunkelgrünen Blätter entfernen, die Blattspitzen kürzen. Die Lauchstange vom weißen unteren Ende bis zu den Blattenden hin aufschlitzen und sehr gründlich unter fließendem Wasser waschen, die Blätter dabei auseinanderbiegen. Die Sellerieknolle und die Kartoffeln schälen, waschen und in kleine Würfel schneiden. Den Kohl waschen, einmal längs halbieren und quer in Streifen schneiden. Den Mangold oder Spinat in handwarmem Wasser gründlich waschen, abtropfen lassen und kleinschneiden. Die Tomaten häuten und grob zerkleinern, die Stielansätze dabei entfernen. Das Öl in einem großen Topf erhitzen und alles Gemüse bis auf die Tomaten unter Wenden im Öl anbraten, bis es etwas Farbe angenommen hat. Das Wasser zugießen, zum Kochen bringen und 20 Minuten zugedeckt bei schwacher Hitze kochen lassen.

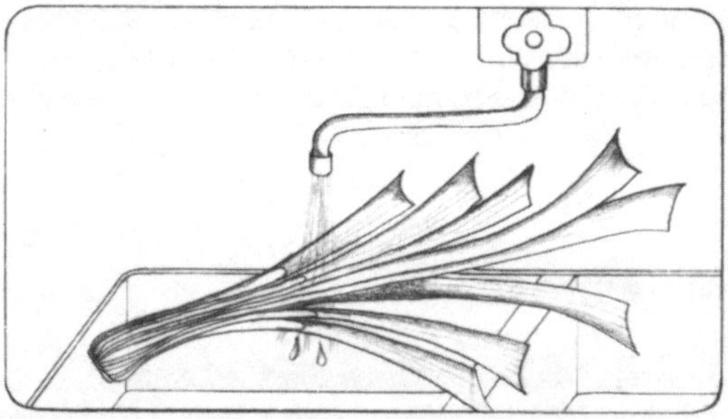

Lauch muß besonders gründlich unter fließendem Wasser gewaschen werden. Dabei die Blätter der aufgeschlitzten Stangen auseinanderbiegen.

Die Tomaten, die Kräuter und das Salz zufügen und 5 Minuten kochen lassen. Die Nudeln zum Gemüse geben und alles in weiteren 15 Minuten garen. Den Hefeextrakt unter die Suppe rühren. Die Minestrone in eine vorgewärmte Schüssel füllen und mit dem Käse bestreuen.

Mein Tip: Der Hefeextrakt kann durch 2 Eßlöffel Hefeflocken ersetzt werden. Beides gibt es im Naturkostladen oder im Reformhaus. Hefe ist in dieser Form ein hervorragendes gesundes Würzmittel. Es gibt auch eine wohlschmeckende gekörnte Gemüsebrühe mit Hefezusatz und Meersalz in Naturkostläden, die statt reinem Meersalz verwendet werden kann.

Gemüsesuppe mit Vollkornschrot

Schrot aus Roggen, Gerste, Weizen, Hafer oder Grünkern kann diese Suppe anreichern. Die Auswahl an Gemüse richtet sich ganz nach der Jahreszeit. Die hier im Rezept vorgeschlagenen Sorten gibt es vorwiegend im Sommer.

1 Kohlrabi mit Grün · 2 Möhren · 500 g frische Erbsen in den Schoten · 1 kleine Stange Lauch · 250 g Broccoli oder 1 kleiner Blumenkohl · 1 grüne Paprikaschote · 1 kleine Sellerieknolle mit dem Grün · 1 Eßl. Butter · 5 Eßl. (75 g) feingeschrotetes Getreide · 1½ l Gemüsebrühe · 1 Teel. Meersalz · ½ Teel. Selleriesalz · 1 Teel. mildes Paprikapulver · 2 Eßl. Distelöl · 1 Bund Petersilie

Pro Portion etwa 965 Joule/230 Kalorien
Zubereitungszeit: 1 Stunde und 30 Minuten

Den Kohlrabi waschen, dünn schälen, holzige Teile abschneiden und die Knolle in Würfel schneiden. Das Kohlrabigrün sehr fein hacken. Die Möhren unter fließendem Wasser bürsten und in Scheiben schneiden. Die Erbsen enthülsen. Vom Lauch die äußeren dunkelgrünen Blätter entfernen und die Blattspitzen kürzen. Die Lauchstange vom weißen unteren Ende bis zu den Blattenden hin aufschlitzen, unter fließendem Wasser gründlich waschen und in dünne Streifen schneiden. Den Broccoli oder Blumenkohl waschen, in Röschen zerteilen, vom Broccoli die Stiele schälen und kleinschneiden. Die Paprikaschote waschen, halbieren, von den Kernen und weißen Rippen befreien und in Streifen schneiden. Den Sellerie waschen, schälen und würfeln; das Selleriegrün feinschneiden. Die Butter in einem großen Topf zerlassen. Das Gemüse zufügen und unter Wenden hellbraun anbraten.

½ Tasse von der Brühe oder von dem Wasser zugießen und umrühren. Den Schrot über das Gemüse streuen, umrühren und bei mittlerer Hitze etwa 5 Minuten mitdünsten, bis er sich dunkler gefärbt hat. Die Brühe oder das Wasser zugießen und die Suppe zugedeckt bei schwacher Hitze 25 Minuten kochen lassen. Das Salz, das Paprikapulver und das Distelöl unterrühren. Die Petersilie waschen, abtropfen lassen, feinschneiden und vor dem Anrichten unter die Suppe rühren.

Dicke Schottische Gerstensuppe

Bild Seite 25

100 g Nacktgerste · 1 l Gemüsebrühe · 2 Zwiebeln · 1 Stange Lauch · ¼ Sellerieknolle · 1 kleine Steckrübe (etwa 250 g) oder weiße Rübchen · 4 Möhren · 1 Kohlrabi · ½ kleiner Weißkohl oder Wirsingkohl · einige Blätter Liebstöckel · 100 g enthülste frische Erbsen · 1 Lorbeerblatt · ½–1 Teel. Meersalz · schwarzer Pfeffer, frisch gemahlen · 2 Eßl. Hefeflocken · 1 Eßl. Butter · 1½ Bund Petersilie oder Dill

Pro Portion etwa 995 Joule/230 Kalorien
Zeit zum Quellen: 2 Stunden
Zubereitungszeit: 2 Stunden

Die Gerste in einem Sieb unter fließendem Wasser waschen, in Wasser etwa 2 Stunden quellen und abtropfen lassen. Die Brühe mit der Gerste zum Kochen bringen, abschäumen und bei schwacher Hitze zugedeckt leise kochen lassen. Inzwischen die Zwiebeln schälen, halbieren und in Scheiben schneiden. Vom Lauch welke Blätter und die dunkelgrünen Blattspitzen abschneiden, die Lauchstange längs halbieren, gründlich unter fließendem Wasser waschen und in kleine Stükke schneiden. Das Stück Sellerie, die Steckrübe oder die Rübchen waschen, schälen und nicht zu klein würfeln. Die Möhren waschen, wenn nötig noch schaben und 1 Möhre in Scheiben schneiden. Den Kohlrabi waschen und schälen. Den Kohl waschen und in Stücke schneiden. Die Liebstöckelblätter ebenfalls waschen. Die Zwiebeln, den Lauch und die Möhrenscheiben gleich zu der Gerste geben und mitkochen lassen. Nach 30 Kochminuten das restliche Gemüse zufügen. Den Kohlrabi dabei in die Suppe hobeln und die 3 restlichen Möhren grobraffeln. Das Lorbeerblatt zufügen, die Suppe salzen und pfeffern und in 25–30 Minuten fertig garen. Das Lorbeerblatt herausnehmen. Die Hefeflocken und die Butter unter die Suppe rühren. Die Petersilie oder den Dill waschen, trockenschleudern und feinhacken. Die Gerstensuppe in eine vorgewärmte Schüssel füllen und mit der Petersilie oder dem Dill bestreut servieren.

Kürbis-Kerbel-Suppe

500 g Kürbis · 250 g Möhren · 1 l Gemüsebrühe · 2 Zwiebeln · 250 g Tomaten · 2 Eßl. Butter · 2 Eßl. Vollkornweizenmehl · 3 Teel. Ahornsirup oder 2 Teel. Melasse · 1–1½ Teel. Meersalz · schwarzer Pfeffer, frisch gemahlen · 1 Messerspitze gemahlener Ingwer · 50 g Kerbel · 2 Eßl. Kürbiskerne

Pro Portion etwa 860 Joule/205 Kalorien
Zubereitungszeit: 1 Stunde

Den Kürbis schälen und in etwa 2 cm große Stücke schneiden. Die Möhren unter fließendem Wasser gründlich bürsten, wenn nötig schaben und in Scheiben schneiden. Den Kürbis mit den Möhrenscheiben in der Brühe zum Kochen bringen und bei schwacher Hitze zugedeckt 25 Minuten kochen lassen. Inzwischen die Zwiebeln schälen und würfeln. Die Tomaten häuten, grob kleinhacken, dabei die Stielansätze entfernen. Die Butter in einem Topf zerlassen, die Zwiebeln darin goldgelb braten, die Tomaten zufügen und 5 Minuten mitbraten. Das Mehl über die Zwiebel-Tomaten-Mischung stäuben, umrühren und mit 1 Tasse Brühe ablöschen. Unter Rühren noch 1 weitere Tasse Brühe zugießen und 2 Minuten kochen lassen. Den Kürbis und die Möhren mit der Brühe durch ein Sieb streichen. Die passierte Suppe unter Rühren zur Tomaten-Zwiebel-Mischung gießen und noch einmal aufkochen lassen. Mit dem Ahornsirup oder der Melasse, dem Salz, Pfeffer und dem Ingwer würzen. Den Kerbel waschen, abtropfen lassen, feinhacken und unter die fertige Suppe rühren. Die Kürbiskerne bei starker Hitze unter Wenden in einer Pfanne ohne Fett etwas rösten, grobhacken und die Suppe damit bestreuen.

Mein Tip: Statt die Suppe mit Weizenmehl zu binden, zuletzt 1 Tasse cremig geschlagene Sahne unterziehen.

Zucchini-Knoblauch-Suppe

500 g kleine Zucchini · 3 Knoblauchzehen · 1 l kalte Gemüsebrühe nach dem Rezept Seite 27 oder aus gekörnter vegetarischer Brühe und Wasser · ½ Teel. Meersalz · ½ Teel. Honig · Saft von ½ Zitrone · 3 Eßl. Sahne · 1 Bund Dill

Pro Portion etwa 460 Joule/110 Kalorien
Zubereitungszeit: 15–20 Minuten

Die Zucchini waschen, die Stielenden abschneiden und die Zucchini in Stücke schneiden. Die Knoblauchzehen schälen, mit den Zucchini würfeln und zusammen im Mixer pürieren, oder die Zucchini fein reiben und den Knoblauch über

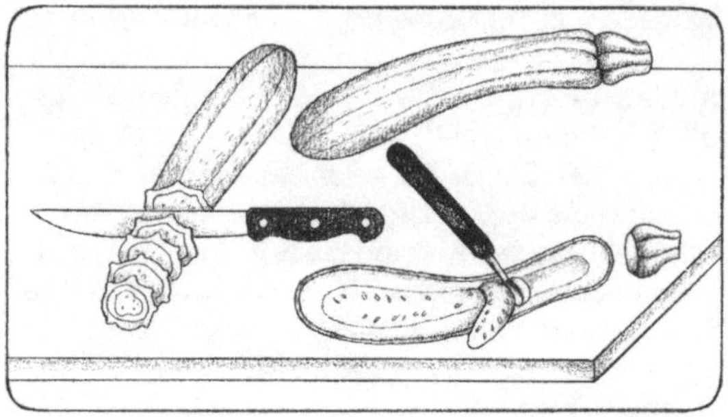

Die ungeschälten Zucchini in Scheiben schneiden. Zum Füllen die Zucchinihälften mit einem scharfkantigen Löffel aushöhlen.

den geriebenen Zucchini auspressen. Die Gemüsebrühe unterrühren und die Suppe mit dem Salz und dem Honig würzen, mit der Sahne geschmacklich abrunden. Den Dill waschen, trokkenschleudern und feinhacken. Die Zucchinisuppe in eine kalte Suppenschüssel füllen und mit Dill bestreuen.

Fenchelsuppe

Bei dieser bekömmlichen, gebundenen Suppe finden Fenchelgemüseabfälle wie Stiele, harte Rippen und gröberes Blattgrün eine gute Verwendung. Wir sollten uns ganz allgemein angewöhnen, Gemüseabfälle nicht fortzuwerfen, sondern, sofern sie nicht verdorben sind, für eine Brühe auszukochen.

Etwa 200 g Fenchelgemüseabfälle, gegebenenfalls noch ein Stückchen Fenchelknolle · gut ½ l Wasser · 1 Teel. Fenchelsamen · ¼ Teel. Aniskörner · 1 Teel. Meersalz · 3 Eßl. feingemahlener Weizenvollkornschrot · ½ Tasse Schwedendickmilch · 1 Eigelb · je 1 Messerspitze gemahlene Muskatblüte und gemahlener Fenchelsamen · 1 Prise Cayennepfeffer · 3 Eßl. Sahne · Fenchelgrün oder Dill

Pro Portion etwa 460 Joule/140 Kalorien
Zubereitungszeit: 60 Minuten

Die Fenchelabfälle kalt überbrausen. Ein wenig Fenchelgrün zurückbehalten, die übrigen Stengel, Rippen und Blätter im Wasser mit dem Fenchelsamen, den Aniskörnern und dem Salz 30 Minuten lang auskochen und anschließend die Brühe durch ein Sieb in einen anderen Topf gießen. Die Fenchelbrühe wieder zum Kochen bringen, unter Rühren mit dem Schneebesen den Weizenschrot einstreuen und zugedeckt bei schwacher Hitze 20 Minuten ausquellen lassen. Das Fenchelgrün oder den gewaschenen Dill trockenschleudern und feinhacken.
Die Schwedenmilch mit dem Eigelb und 3 Eßlöffeln der Suppe verrühren und die Fenchelsuppe damit legieren. Mit der Muskatblüte, den Fenchelsamen und einem Hauch Cayennepfeffer würzen; wenn nötig, noch nachsalzen. Den Topf vom Herd nehmen. Die Sahne unterrühren und die Suppe mit dem Fenchelgrün oder dem Dill bestreut servieren.

Broccolisuppe mit Klößchen

Bild Seite 26

Für die Klößchen:
1 Eßl. weiche Kräuterbutter · 1 Eßl. Magerquark · 2 Eßl. geriebener Vollkornzwieback · 2 Eßl. Weizenvollkornmehl · 1 Messerspitze Meersalz · 1 Prise geriebene Muskatnuß
Für die Suppe:
¾ l Gemüsebrühe · 750 g Broccoli · 200 g saure Sahne · 1 Teel. Meersalz · 2 Eßl. Apfelessig · 2 Eßl. Apfeldicksaft · 1 Messerspitze geriebener Ingwer

Pro Portion etwa 1090 Joule/260 Kalorien
Zubereitungszeit: 1 Stunde

Die Kräuterbutter mit dem Quark, dem geriebenen Zwieback, dem Weizenmehl, dem Meersalz und dem Muskat verkneten. Die Gemüsebrühe zum Kochen bringen. Mit einem nassen Teelöffel kleine Klößchen vom Teig abstechen, in der leise kochenden Brühe in 5 Minuten garen, herausheben und beiseite stellen. Den Broccoli waschen, in Röschen zerteilen, die Stiele schälen und kleinschneiden. Den Broccoli 5 Minuten in der Brühe kochen lassen und mit dem Schaumlöffel

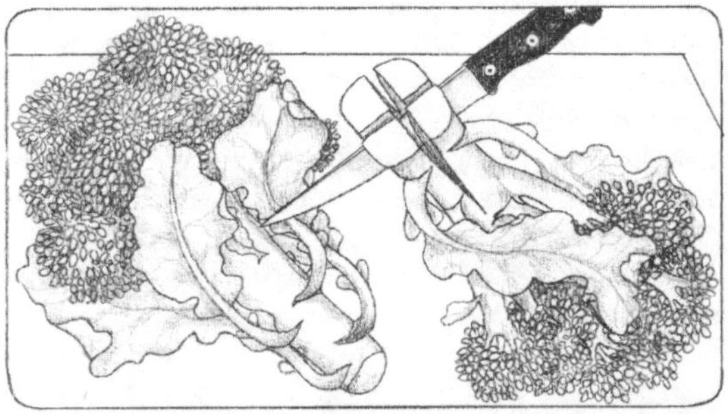

Wird Broccoli im ganzen gegart, die dicken Stiele kreuzweise einschneiden, damit sie mit den Röschen zusammen weich werden.

herausheben. Eine Handvoll Broccoliröschen aufbewahren, den übrigen Broccoli mit der Brühe durch ein Sieb in einen anderen Topf streichen. Die Suppe mit dem Salz, dem Apfelessig, dem Apfeldicksaft und dem Ingwer würzen und die Broccoliröschen einlegen. Die Klößchen kurze Zeit in der heißen Suppe ziehen, jedoch nicht mehr kochen lassen.

Pilze-Paprika-Topf

400 g beliebige Pilze (auch gemischt) · 4 grüne Paprikaschoten · 4 Tomaten · 1 Zwiebel · 1 Knoblauchzehe · 4 Eßl. Sonnenblumenöl · 1 Bund Petersilie · 5 Eßl. saure Sahne · 1–2 Teel. Meersalz · 1 Eßl. Zitronensaft

Pro Portion etwa 880 Joule/210 Kalorien
Zubereitungszeit: 45 Minuten

Die Pilze putzen und in Stücke schneiden. Die Paprikaschoten halbieren, von den Kernen und Rippen befreien, kalt abspülen und ebenfalls in Stücke schneiden. Die Tomaten enthäuten, grobhacken und dabei die Stielansätze entfernen. Die Zwiebel und die Knoblauchzehe schälen und feinwürfeln. Das Öl erhitzen und die Zwiebel und den Knoblauch darin glasig werden lassen. Die Pilze zufügen und kurz andünsten. Die Paprikaschoten zufügen und zugedeckt bei schwacher Hitze 5 Minuten mitdünsten. Die Tomaten unterrühren und alles zugedeckt bei schwacher Hitze noch etwa 10 Minuten weichdünsten. Die Petersilie waschen, abtropfen lassen, feinschneiden und unterrühren, die Sahne zufügen und mit dem Salz und dem Zitronensaft würzen.

Paßt gut zu: allen Getreidegerichten, besonders zu Polenta

Französischer Gemüseeintopf mit Pistou

Pistou in Frankreich – Pesto in Italien, das ist eine duftende Mischung aus Basilikum, Knoblauch, Parmesankäse und Olivenöl. Man braucht dazu einen Mörser. Wer keinen besitzt, kann Pistou durchaus im elektrischen Mixer bereiten. Kenner behaupten zwar, das sei Barbarei – doch gibt es kaum einen geschmacklichen Unterschied zwischen der gestampften und der gemixten Basilikumsauce.

Für den Gemüseeintopf:
1 Zwiebel · 1 Stange Lauch · 150 g kleine Zucchini · 150 g frische weiße Bohnenkerne · 200 g Tomaten · 150 g grüne Bohnen · 1 l Gemüsebrühe · 5 Eßl. Öl · 50 g kurze Vollkornnudeln
Für den Pistou:
25 g frisches Basilikum (1 Tasse gehackte Basilikumblätter) · 3 Knoblauchzehen · 50 g Pinienkerne · ½ Teel. Meersalz · 1 Messerspitze Cayennepfeffer · je 2 Eßl. Parmesan und Pecorino, frisch gerieben · 4 Eßl. Olivenöl

Pro Portion etwa 1620 Joule/385 Kalorien
Zubereitungszeit: 1 Stunde und 30 Minuten

Die Zwiebel schälen und grobhacken. Vom Lauch die dunkelgrünen Blattspitzen abschneiden, die Lauchstange vom weißen Teil bis zu den Blattenden hin aufschlitzen und den Lauch unter fließendem Wasser sehr gründlich waschen; dabei die Blätter auseinanderbiegen. Von den Zucchini die Stielenden entfernen, die Zucchini waschen und in nicht zu kleine Stücke schneiden. Die Bohnenkerne in einem Sieb unter fließendem Wasser waschen und abtropfen lassen. Die Tomaten enthäuten, vierteln und dabei die Stielansätze entfernen. Die grünen Bohnen waschen, die Blütenansätze und Stielenden abschneiden, falls nötig, die Fäden abziehen und die Bohnen einmal durchbrechen. Die Gemüsebrühe erhitzen. Das Öl in einem großen Topf heiß werden lassen und die Zwiebel und den Lauch unter Rühren darin Farbe annehmen lassen. Die heiße Brühe zugießen und bis auf die Tomaten alles Gemüse zufügen. Die Suppe zugedeckt bei schwacher Hitze 30 Minuten kochen lassen.

Nach 20 Minuten Garzeit die Vollkornnudeln unterrühren. Während die Suppe gart, für den Pistou das Basilikum waschen, abtropfen lassen und kleinschneiden. Die Knoblauchzehen schälen und grobhacken. Die Pinienkerne ebenfalls hacken. Das Basilikum mit dem Knoblauch, dem Salz und dem Cayennepfeffer im Mörser zerdrücken. Die Pinienkerne zufügen und weiterstampfen, bis eine glatte grüne Paste entstanden ist. Nach und nach abwechselnd den Käse und das Öl unterarbeiten. Wird Pistou im Mixer bereitet, zuerst den Knoblauch mit dem Basilikum, dem Salz, dem Pfeffer und den Pinienkernen pürieren, dann das Öl und den Käse zufügen und im Mixer nochmals 20–30 Sekunden auf Stufe 2 laufen lassen. Den Pistou in eine gut vorgewärmte Suppenschüssel füllen, die heiße Suppe langsam daraufgießen und vor dem Servieren noch 5 Minuten ziehen lassen.

Ratatouille

Dieser bekannte Gemüseeintopf ist ein gutes Beispiel dafür, daß manche traditionellen Gerichte fast unverändert in die Vollwertküche übernommen werden können. Wenn die Zutaten hierfür aus biologisch-organischem Anbau stammen und die sonst übliche lange Garzeit verkürzt wird, zeigt sich, daß durch moderne Zubereitungsweise so beliebte Speisen geschmacklich noch weiter verbessert werden können.

500 g Auberginen · 500 g Fleischtomaten · 250 g kleine Zucchini · 250 g grüne Paprikaschoten · 1½–2 Teel. Meersalz · ½ Teel. weißer Pfeffer, frisch gemahlen · 2 Knoblauchzehen · 2 Zweige frischer Thymian · 1 Bund frisches Basilikum · 1 kleiner Zweig Rosmarin (oder je 1 Teel. getrockneter Thymian und getrocknetes Basilikum) · knapp 1 Tasse Olivenöl · knapp 1 Tasse Wasser · 1 Messerspitze Safran

Pro Portion etwa 1345 Joule/320 Kalorien
Zubereitungszeit: 1 Stunde

Die Auberginen waschen und in Würfel schneiden. Die Tomaten enthäuten, grobhacken und dabei die Stielansätze entfernen. Die Zucchini waschen und in Scheiben schneiden. Die Paprikaschoten waschen, halbieren, von den Kernen und Rippen befreien und in Stücke schneiden. Das Gemüse in der angegebenen Reihenfolge in einen Topf schichten. Jede Lage salzen und pfeffern. Die Knoblauchzehen schälen, feinhacken und auf das Gemüse streuen. Die Kräuter waschen und unzerkleinert zufügen. Das Öl zugießen. Das Wasser erhitzen, den Safran darin auflösen und über das Gemüse gießen. Das Gericht zugedeckt bei schwacher Hitze in etwa 30 Minuten garen. Die Ratatouille dabei nicht umrühren.

Das paßt dazu: körnig gekochter Naturreis (Rezept Seite 94) oder Polenta (Rezept Seite 94)

Artischocken mit Zitronenmayonnaise

1½ l Wasser · 3 Teel. Meersalz · 2 Eßl. Zitronensaft · 4 große oder 8 kleine Artischocken · 1 Eigelb · ½ Teel. Meersalz · ½ Teel. Honig · abgeriebene, unbehandelte Schale von ½ Zitrone · ⅛ l Distelöl · 3–4 Eßl. Zitronensaft · ½ Becher Joghurt oder 2 Eßl. Magerquark · 1 Teel. feingehackte Rosmarinnadeln

Pro Portion etwa 1535 Joule/365 Kalorien
Zubereitungszeit: 40 Minuten

Das Wasser mit dem Salz und dem Zitronensaft zum Kochen bringen. Von den Artischocken die Stielenden abschneiden und die Blattspitzen kürzen. Die Artischocken waschen, ins kochende Wasser einlegen und zugedeckt bei mittlerer

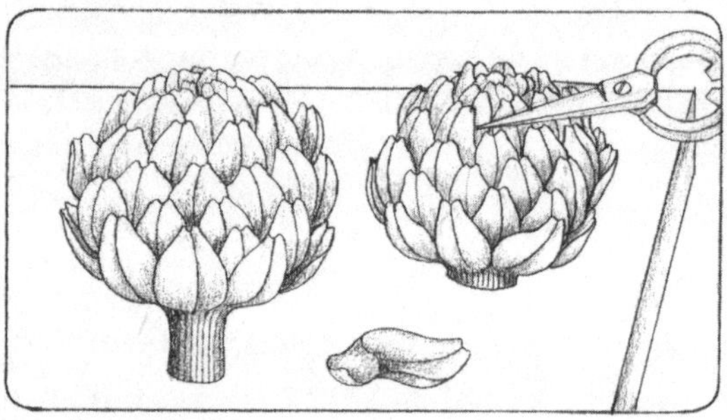

Die harten Blattspitzen von Artischocken am besten mit einer Schere kürzen.

Hitze 30 Minuten kochen lassen. Die Artischocken sind gar, wenn sich die Blätter leicht herausziehen lassen. Während die Artischocken garen, die Zitronenmayonnaise zubereiten. Das Eigelb mit dem Salz, dem Honig und der abgeriebenen Zitronenschale verrühren. Tropfenweise Öl unterrühren. Wenn sich Ei und Öl gut miteinander verbunden haben und die Masse dicklich zu werden beginnt, 1 Teelöffel Zitronensaft unterrühren. Das Öl jetzt teelöffelweise zufügen. Dabei ständig rühren. Immer wenn die Sauce dicklich wird, zuerst etwas Zitronensaft und dann wieder teelöffelweise das Öl zugießen, bis alles Öl verbraucht ist. Den Joghurt oder den Magerquark mit dem Schneebesen in einer Schüssel glattrühren und eßlöffelweise die Mayonnaise unterziehen, den Rosmarin hinzufügen. Die Artischocken abtropfen lassen, auf 4 Tellern anrichten und die Zitronenmayonnaise dazureichen.

Mein Tip: 2 Teelöffel feingehackten Estragon oder 1 Eßlöffel gehackte Petersilie an die Mayonnaise geben. – Fingerschalen mit lauwarmem Wasser bereitstellen, weil die Artischocken mit der Hand gegessen werden. Reichen Sie statt der Mayonnaise auch einmal eine einfache Salatsauce aus Zitronensaft, Öl und frischen Kräutern zu den Artischocken.

Junge Artischocken in Sahne

16 kleine Artischocken · Saft von 2 Zitronen · ¾–1 l Gemüsebrühe · ½ Teel. Meersalz · 200 g Sahne (knapp 2 Tassen) · 1 Messerspitze weißer Pfeffer, frisch gemahlen · 1 Bund Petersilie

Pro Portion etwa 1155 Joule/275 Kalorien
Zubereitungszeit: 50 Minuten

Die Artischocken waschen, die Stiele und die Blattspitzen abschneiden und jeweils die beiden äußersten Blattreihen abzupfen. Die Schnittstellen am Stielende gleich mit etwas Zitronensaft beträufeln, damit sich das Artischockenfleisch nicht braun färbt. Die Gemüsebrühe erhitzen. Die Artischocken in einen flachen Topf mit großem Durchmesser legen und soviel Brühe zugießen, daß sie fast davon bedeckt sind. Die Brühe zum Kochen bringen und die Artischocken bei mittlerer Hitze in etwa 30 Minuten weichkochen. Den Topfdeckel dabei einen Spalt breit offen lassen, damit der Dampf abziehen kann. Die Flüssigkeit soll am Ende der Garzeit fast völlig verdunstet sein. Die Sahne zufügen, aufkochen und die Sauce bei mittlerer Hitze noch etwas eindikken lassen, mit Zitronensaft, Salz und Pfeffer würzen. Die Petersilie waschen, abtropfen lassen, kleinschneiden und die Artischocken in der Sahnesauce damit bestreuen.

Das paßt dazu: Polenta (Rezept Seite 94)

Variante: Römische Artischocken
Die Artischocken wie im vorangegangenen Rezept beschrieben vorbereiten, nebeneinander in eine feuerfeste Form stellen, mit Salz und Pfeffer bestreuen, mit Zitronensaft beträufeln und ½ l erstklassiges kaltgepreßtes Olivenöl darübergießen. Die Artischocken mit einem mit Butter bestrichenen Stück Pergamentpapier abdecken und im auf 190–200° vorgeheizten Backofen in etwa 40 Minuten garen. Die Artischocken auf einer vorgewärmten Platte pyramidenförmig anrichten und mit etwas Öl aus der Form übergießen.

Mein Tip: Den restlichen Ölsud im Kühlschrank aufbewahren und innerhalb von 3 Tagen verbrauchen. Es kann zum Bereiten von Getreidegerichten und zum Dünsten von Gemüse verwendet werden. Das zarte Artischockenaroma gibt diesen Gerichten eine aparte Note.

Blumenkohl im Grünen

1 großer Blumenkohl oder 2 mittelgroße Blumenkohlköpfe · 2 Teel. Meersalz · 1 Eßl. Senfkörner · 150 g Wildkräuter (Brunnenkresse, Sauerampfer, junge Brennesselspitzen) oder Gartenkräuter (Kerbel, Pimpinelle, Petersilie) · 4 Eßl. Distelöl · 2 hartgekochte Eier · 1 Messerspitze Muskatnuß, frisch gerieben · 1 Prise Meersalz

Pro Portion etwa 860 Joule/205 Kalorien
Zubereitungszeit: 45 Minuten

Vom Blumenkohl das Stielende abschneiden. Den Kohl waschen und in Röschen zerteilen. Die Kohlröschen in einen flachen Topf mit großem Durchmesser legen, mit dem Salz und den Senfkörnern bestreuen und soviel Wasser zugießen, daß der Boden des Topfes etwa 1 cm hoch davon bedeckt ist. Das Wasser zum Kochen bringen und den Blumenkohl bei mittlerer Hitze in etwa 15 Minuten bißfest garen. Den Topfdeckel dabei einen Spalt breit offenlassen. Den Topf mit geschlossenem Deckel ab und zu rütteln oder schwenken, damit der Blumenkohl nicht anbrennt. Wenn nötig, noch etwas Wasser zugießen. Inzwischen die Kräuter waschen, abtropfen lassen, feinhacken und zugedeckt bis zu ihrer Verwendung aufbewahren. Das Öl in einem flachen Topf erhitzen. Die Kräuter ins Öl geben und 2 Minuten unter Wenden darin braten. Die Eier kleinhacken und unter die Kräuter mischen. Die Blumenkohlröschen aus dem Topf heben, abtropfen lassen, auf einer vorgewärmten Platte anrichten, mit dem Muskat und dem Salz bestreuen und die Kräutersauce zum Schluß darübergießen.

Das paßt dazu: Junge Pellkartoffeln in der Schale, körnige Goldhirse (Rezept Seite 90) oder Polentascheiben (Rezept Seite 94)

Mein Tip: Die im Rezept aufgeführten Kräuter gibt es von Mitte April bis Sommerende in der Natur. Brunnenkresse wächst an Wiesen- und Waldbächen. Brennesselspitzen nicht vom Straßenrand sammeln, sondern an Stellen, die von stark befahrenen Straßen weit entfernt sind. Sauerampfer auf ungedüngten Wald- oder Sumpfwiesen suchen. Sie können natürlich auch Gartenkräuter verwenden. Petersilie, Kerbel, Pimpinelle und Gartenkresse ergeben eine gute Mischung.
An warmen Sommertagen schmeckt dieses Gericht am besten kalt. Geben Sie dann 2 Eßlöffel Zitronensaft an die Kräutersauce und lassen Sie den Blumenkohl einige Stunden an einem kühlen Ort mit der Sauce übergossen ziehen.

Variante: Indischer Blumenkohl
Den Blumenkohl bißfest garen. Statt Öl 4 Eßlöffel Butter zerlassen und erhitzen und folgende Gewürze darin einige Minuten rösten: 1 Messerspitze frisch gemahlener schwarzer Pfeffer, 1 Messerspitze getrocknete zerdrückte Chilischote, 1 Teelöffel Curcuma (Gelbwurz), 2 Teelöffel indisches Currypulver, mit Salz abschmekken und die gewürzte Butter über den angerichteten Blumenkohl gießen. Heiß servieren.

Das paßt dazu: Goldhirse (Rezept Seite 90)

Wachsbohnen mit Tomaten

1 kg Wachsbohnen · 2 Eßl. Olivenöl · 1 Teel. Meersalz · 1 Messerspitze gemahlener Koriander · 1 Messerspitze gemahlener Ingwer · 500 g Tomaten · 2 Zweige Bohnenkraut · 1 Bund Petersilie · 2 Eßl. Butter

Pro Portion etwa 660 Joule/165 Kalorien
Zubereitungszeit: 45 Minuten

Die Bohnen waschen, Stiele und Blütenansätze abschneiden und die Bohnen in einen flachen Topf mit großem Durchmesser geben. Mit dem Öl, dem Salz, dem Koriander und dem Ingwer bestreuen und etwa 1 cm hoch Wasser in den Topf gießen. Das Bohnenkraut waschen und auf die Bohnen legen. Das Wasser zum Kochen bringen und die Bohnen zugedeckt bei mittlerer Hitze in 20–25 Minuten bißfest kochen. Wenn nötig, ein wenig heißes Wasser nachfüllen. Während des Garens den Topf ab und zu rütteln, damit die Bohnen nicht anbrennen. Die Tomaten enthäuten, grobhacken, dabei die Stielansätze entfernen und nach 15 Minuten Kochzeit unter die Bohnen mengen. Die Petersilie waschen, abtropfen lassen und feinhacken. Die Butter zum Gemüse geben und den geschlossenen Topf schwenken. Die Bohnen in einer vorgewärmten Schüssel anrichten und mit der Petersilie bestreuen.

Das paßt dazu: Grünkernkranz (Rezept (Seite 92)

Cardy in Zitronensauce

Für die Cardy:
1½ l Wasser · 2 Teel. Meersalz · 2 Eßl. Apfelessig · 1 große Cardystaude · ½ l Gemüsebrühe
Für die Sauce:
2 Eßl. Butter · 1 Eßl. Weizenvollkornmehl · ¼ l Gemüsebrühe von der Cardy · 3 Eigelbe · Saft von 1 Zitrone

Pro Portion etwa 860 Joule/205 Kalorien
Zubereitungszeit: 1 Stunde

Das Wasser mit dem Salz und dem Apfelessig zum Kochen bringen. Die Cardystaude in Stangen zerlegen. Das Blattgrün, die dünnen Stielenden und stachelige Stielkanten abschneiden. Die Fäden von den Stangen abziehen. Die Stangen in fingerlange Stücke schneiden, 10 Minuten im Essigwasser kochen und dann abtropfen lassen.

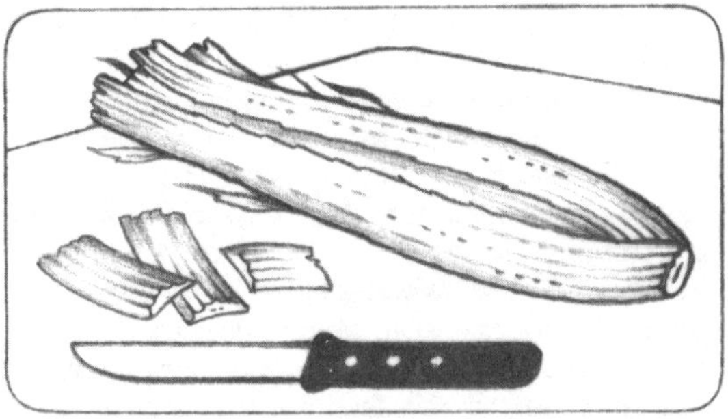

Cardystauden in einzelne Stangen zerlegen, die harten Fäden abziehen und die Stangen in Stücke schneiden.

Die Gemüsebrühe zum Kochen bringen. Von den Cardystücken die faserige Haut abziehen und das Gemüse in der Brühe in etwa 20 Minuten weichkochen, abtropfen lassen und warm stellen. Für die Sauce die Butter in einem Topf zerlassen, das Mehl darüberstäuben und zu einer glatten Masse rühren. Nach und nach unter Rühren die Brühe zugießen. Bei schwacher Hitze 5 Minuten kochen lassen. Die Eigelbe in einem Topf mit dem Zitronensaft verquirlen und löffelweise die heiße Sauce in die Eigelbe rühren. Die Cardystücke in einer vorgewärmten Schüssel anrichten und mit der Zitronensauce übergießen.

Das paßt dazu: Buchweizengrütze (Rezept Seite 93)

Variante: Cardy mit Mandelmus
Die Cardy kochen, schälen und in Gemüsebrühe garen. 4 Eßlöffel Mandelmus in einem kleinen Topf vorsichtig erwärmen, bis es dickflüssig wird. Mit einer Messerspitze Meersalz würzen. 2 Eßlöffel Sesamsamen in einer trockenen Pfanne unter ständigem Rühren goldgelb rösten. Das Cardygemüse in einer vorgewärmten Schüssel anrichten, mit dem erwärmten Mandelmus übergießen und mit dem gerösteten Sesam bestreuen.

Grüne Bohnen mit Schaumkrone

Für die Bohnen:
1,25 kg grüne Bohnen · 1 Teel. Meersalz · 1 Kräutersträußchen, bestehend aus Salbei, Bohnenkraut, Thymian oder auch nur Bohnenkraut
Für die Sauce:
3 Eigelbe · 1 Prise Meersalz · 1 Messerspitze Honig · 1 Prise Piment · 1 Eßl. Zitronensaft · 1 Tasse Gemüsebrühe · 100 g weiche Butter

Pro Portion etwa 1470 Joule/350 Kalorien
Zubereitungszeit: 45 Minuten

Von den Bohnen die Stiel- und Blütenansätze abschneiden, die Bohnen waschen und in einen Topf mit großem Durchmesser geben. Die Bohnen salzen, das Kräutersträußchen zufügen und etwa 1 cm hoch Wasser einfüllen. Das Wasser zum Kochen bringen und die Bohnen je nach Größe in 20–25 Minuten bißfest garen. Wenn nötig, ein wenig heißes Wasser nachfüllen. Den Topf während des Garens ab und zu rütteln, damit die Bohnen nicht anbrennen.
Inzwischen für die Schaumsauce die Eigelbe mit dem Salz, dem Honig, dem Piment und dem Zitronensaft verrühren und im heißen Wasserbad mit dem Schneebesen schlagen. Die Gemüsebrühe erwärmen und nach und nach zugießen. Dabei ständig weiterschlagen. Wenn die Sauce dicklich zu werden beginnt, teelöffelweise die

Butter unterrühren. Das Kräutersträußchen aus den Bohnen nehmen. Die Bohnen in einer vorgewärmten Schüssel anrichten und mit der Schaumsauce übergießen.

Das paßt dazu: Kartoffelschnee (Rezept Seite 95)

Die Eiersauce im heißen Wasserbad aufschlagen, damit das Eigelb nicht durch zu starke Hitzezufuhr gerinnt.

Chicorée mit brauner Butter und Käse

Chicorée hat einen leicht bitteren Geschmack. Diese Bitterstoffe, die hauptsächlich in dem festen inneren Keil enthalten sind, regen den Appetit an. Deshalb sollten Sie ihn nach Möglichkeit nicht herausschneiden.

4 große oder 8 mittlere Chicoréestauden · 100 g Butter · 1 Teel. Meersalz · 4 frische Salbeiblätter oder 1 Teel. getrockneter Salbei · 1 Messerspitze weißer Pfeffer, frisch gemahlen · ½ Teel. mildes Paprikapulver · 1 Eßl. Zitronensaft · 1 Tasse Gemüsebrühe · 60 g frisch geriebener alter Bergkäse oder alter Gouda · 3 Eßl. Vollkornbrotbrösel

Pro Portion etwa 1345 Joule/320 Kalorien
Zubereitungszeit: 30–40 Minuten

Von den Chicoréestauden welke Blätter entfernen und den Strunk abschneiden. Den Chicorée waschen und abtropfen lassen. Dicke Stauden halbieren. 2 Eßlöffel der Butter in einem großen flachen Topf zerlassen. Den Chicorée darin unter Wenden 5 Minuten anbraten. Den Chicorée salzen, mit dem frischen gehackten oder getrockneten Salbei, dem Pfeffer und dem Paprikapulver bestreuen und mit dem Zitronensaft beträufeln. Die Gemüsebrühe zugießen und den Chicorée zugedeckt bei schwacher Hitze in 15–20 Minuten garen, aber nicht zu weich dünsten. Die Flüssigkeit bei starker Hitze im offenen Topf noch etwas eindicken lassen. Den Käse über das Gemüse streuen. Die restliche Butter in einem Pfännchen zerlassen und die Vollkornbrösel darin unter Wenden anbraten. Den Chicorée anrichten und mit den Butterbröseln übergießen.

Das paßt dazu: körnig gekochter Naturreis (Rezept Seite 94) mit viel frischgehackter Petersilie

Mein Tip: Geben Sie nach etwa 10 Minuten Dünstzeit 2–3 gehäutete Tomaten zum Chicorée oder dünsten Sie 1–2 halbierte Fenchelknollen mit. Die feine fruchtige Süße dieser Gemüsearten rundet den etwas herben Geschmack des Chicorées angenehm ab.

Variante: Chicoréetorte
Die Chicoréestauden halbieren und in etwa 5 cm lange Stücke schneiden. Eine feuerfeste Form dick mit Butter ausstreichen und mit Vollkornbrotbröseln ausstreuen. Lagenweise den Chicorée einfüllen und festdrücken. Dabei jede Lage mit etwas Meersalz, einem Hauch Cayennepfeffer und geriebener Muskatnuß bestreuen. 3 Eier mit 3 Eßlöffeln Sahne verquirlen und über

den eingeschichteten Chicorée gießen. Zuletzt 1 Eßlöffel Butter in Flöckchen auf den Chicorée geben. Den Chicorée im auf 190° vorgeheizten Backofen auf der mittleren Schiene 30–40 Minuten backen, bis die Eiersahne gestockt ist. Die Form auf eine Platte stürzen und die Chicoréetorte mit gehackter Petersilie bestreuen.

Westfälische Dicke Bohnen

2 kg junge Dicke Bohnen in den Hülsen · 1 l Wasser · 1 Teel. Meersalz · 1 Bund Bohnenkraut · 1 Bund Frühlingszwiebeln oder 1 große Zwiebel · 2 Eßl. Pflanzenöl · 1 Eßl. Vollkornweizenmehl · ¼–⅜ l vom Bohnenkochwasser · ½ Teel. Meersalz · 1 Messerspitze Honig · 1 Prise geriebene Muskatnuß · 1 Eßl. frisch gehackter Thymian oder 1 Bund frisch gehackte Petersilie

Pro Portion etwa 590 Joule/140 Kalorien
Zubereitungszeit: 50 Minuten

2 l Wasser zum Kochen bringen. Die Bohnen aus den Hülsen streifen, in einem Durchschlag kurz kalt überbrausen, ins kochende Wasser schütten und 2 Minuten kochen lassen. Die Bohnen dann abgießen, kalt überbrausen und aus den weißen Häuten drücken. Das Wasser mit dem Salz zum Kochen bringen, die Bohnen und das Bohnenkraut zufügen und die Bohnen zugedeckt bei mittlerer Hitze in 15–20 Minuten garen. Das Bohnenkraut entfernen und die Bohnen in einem Sieb abtropfen lassen. Die Kochflüssigkeit aufbewahren. Die Frühlingszwiebeln waschen, abtropfen lassen und mit dem Grün kleinschneiden, oder die Zwiebel schälen und würfeln. Die Zwiebeln in einem Topf im Öl goldgelb braten. Das Mehl darüberstäuben, 1 Minute mitbraten und unter Rühren 1 Tasse Bohnenkochwasser zugießen. Auf starke Hitze schalten, nach und nach noch etwa 1 Tasse Bohnenkochwasser zugießen und die Zwiebelsauce bei schwacher Hitze 10 Minuten kochen lassen. Falls die Sauce zu dick geworden ist, noch etwas Bohnenbrühe zufügen. Die Sauce mit Salz, dem Honig und dem Muskat würzen. Die Bohnen in der Sauce 5 Minuten erhitzen, aber nicht mehr kochen lassen. Vor dem Anrichten die frisch gehackten Kräuter unterrühren.

Das paßt dazu: Gebratene neue Kartoffeln (Rezept Seite 95)

Gurken mit Rahmdecke

1 kg Schmorgurken · 6 Eßl. Öl · 1 Teel. Meersalz · schwarzer Pfeffer, frisch gemahlen · 1 Bund Dill · 1 Bund Petersilie · 6 Salbeiblätter · 1 Tasse Weizenvollkornschrot · 6 Eßl. saure Sahne · 1 Teel. Kräutersalz · 1 Teel. mildes Paprikapulver

Pro Portion etwa 1760 Joule/280 Kalorien
Zubereitungszeit: 30 Minuten

Die Gurken waschen, wenn nötig schälen, die Stiele entfernen, die Gurken vierteln und in fingerlange Stücke schneiden. In einer großen, tiefen Pfanne mit Deckel 2 Eßlöffel Öl und 4 Eßlöffel Wasser erhitzen. Die Gurkenstücke mit der Kernseite nach oben in die Pfanne legen und mit dem Salz und Pfeffer bestreuen. Die Gurken zugedeckt bei schwacher Hitze 10 Minuten dünsten. Die Kräuter waschen, abtropfen lassen, grobhacken, über die Gurkenstücke streuen und den Weizenschrot darauf verteilen. Das restliche Öl auf den Schrot träufeln. Die saure Sahne mit dem Kräutersalz und dem Paprikapulver verrühren und löffelweise auf den Schrot setzen.

Die Gurken zugedeckt bei schwacher Hitze in etwa 15 Minuten fertiggaren.

Das paßt dazu: Getreidebratlinge (Rezept Seite 93) und Kopfsalat mit einer Zitronen-Öl-Sauce

Variante: Gurken-Tomaten-Pfanne
2 Zwiebeln schälen und würfeln. 4 Fleischtomaten häuten, Stielansätze entfernen und grobhakken. 2 Schmorgurken in fingerlange Stücke schneiden. Die Zwiebeln und das Tomatenfleisch in 3 Eßlöffeln Olivenöl anbraten, die Gurkenstükke zufügen und mit 1 Teelöffel Kräutersalz und 1 Messerspitze grob gemahlenem schwarzem Pfeffer würzen. 2 Eßlöffel Grünkernschrot darüberstreuen, vorsichtig umrühren und das Gemüse zugedeckt bei schwacher Hitze in etwa 20 Minuten weichdünsten. 4 Eier mit 4 Eßlöffeln saurer Sahne, je 2 Eßlöffeln gehackter Petersilie und kleingeschnittenem Dill, 1 Teelöffel mildem Paprikapulver und 1 Messerspitze Kräutersalz verquirlen, über das Gurkengemüse gießen und zugedeckt bei mittlerer Hitze in etwa 10 Minuten stocken lassen.

Fenchel in Honig-Karamel

1 kg Fenchelknollen · ¼ l Gemüsebrühe · 1 Teel. Salz · 1 Teel. Fenchelsamen · 2 Eßl. Butter · 2 Eßl. Honig

Pro Portion etwa 925 Joule/220 Kalorien
Zubereitungszeit: 45 Minuten

Von den Fenchelknollen die Stiele und den Wurzelansatz abschneiden. Das zarte Fenchelgrün zurückbehalten und mit dem Fenchel waschen. Von den Knollen braune Stellen und harte Rippen abschneiden und die Knollen halbieren, große Fenchelknollen vierteln. Die Fenchelknollen nebeneinander in einen flachen breiten Topf legen, mit Gemüsebrühe übergießen und das Salz und den Fenchelsamen zufügen. Die Brühe zum Kochen bringen und den Fenchel zugedeckt bei schwacher Hitze 20–25 Minuten dünsten. Die Butter in einem anderen Topf zerlassen, den Honig zufügen und die Mischung bei mittlerer Hitze so lange rühren, bis sie karamelbonbonfarben geworden ist. Den Fenchel abtropfen lassen, die Kochflüssigkeit aufbewahren. Die Fenchelstükke im Honigkaramel wenden, bis sie ganz davon überzogen sind. 1 Tasse Fenchelbrühe zugießen und die Flüssigkeit bei starker Hitze im offenen Topf noch etwas einkochen lassen. Das Fenchelgrün hacken und das angerichtete Gemüse damit bestreuen.

Das paßt dazu: Kartoffelschnee (Rezept Seite 95)

Variante: Fenchel mit Paprika und Tomaten
Bild 3. Umschlagseite
2 Fenchelknollen vorbereiten und waschen. 1 grüne Paprikaschote waschen, halbieren, von Stiel und Kernen befreien und in Stücke schneiden. 2 Tomaten häuten, die Stiele entfernen und längs in dicke Scheiben schneiden. 1 Knoblauchzehe schälen und hacken. Den Fenchel mit dem Paprika und dem Knoblauch in 2 Eßlöffeln Olivenöl anbraten, mit ½ Tasse Gemüsebrühe auffüllen, mit ½ Teelöffel grob gemahlenen Korianderkörnern und ½ Teelöffel Kräutersalz würzen und das Gemüse bei schwacher Hitze zugedeckt 15 Minuten dünsten. Die Tomatenscheiben vorsichtig unterheben und 5 Minuten mitdünsten. Zuletzt das gehackte Fenchelgrün zufügen. Das Gemüse anrichten und mit 2 Eßlöffeln gerösteten Pinienkernen bestreuen.

Junge Erbsen mit Perlzwiebeln

Bild 2. Umschlagseite

1,5 kg junge Erbsen in den Schoten · 200 g Perlzwiebeln (kleine weiße Zwiebeln) oder Schalotten · 2 Eßl. Butter · 1 Tasse Gemüsebrühe · je 1 Zweig Thymian und Basilikum · ½ Teel. Meersalz · weißer Pfeffer, frisch gemahlen · 1 Messerspitze Honig

Pro Portion etwa 630 Joule/150 Kalorien
Zubereitungszeit: 60 Minuten

Die Erbsen aus den Schoten streifen, kurz kalt überbrausen und abtropfen lassen. Die Zwiebeln oder Schalotten in einem Topf mit kochendem Wasser übergießen, in einem Durchschlag abtropfen lassen und schälen. Die Butter zerlassen und die Erbsen und Zwiebeln bei mittlerer Hitze darin unter Wenden 3 Minuten braten, aber keine Farbe annehmen lassen. Die Gemüsebrühe erhitzen, zugießen und den Thymian und das Basilikum auf die Erbsen legen. Das Gemüse zugedeckt bei schwacher Hitze in etwa 20 Minuten weichdünsten und mit dem Salz, dem Pfeffer und dem Honig würzen. Den Topf während der Garzeit immer wieder rütteln, damit das Gemüse nicht anbrennt.

Das paßt dazu: Kartoffelgratin (Rezept Seite 95)

Mein Tip: Das zarte Gemüse mit 2 Teelöffeln Arrowroot (Pfeilwurzelmehl) in 4 Eßlöffeln Sahne verrührt binden.

Variante: Französische Erbsen
250 g junge Erbsen ohne Schoten und 2 in Streifen geschnittene Kopfsalatherzen in ½ Tasse kochender Gemüsebrühe mit 2 Eßlöffeln Butter, 1–2 Messerspitzen Salz, 1 Messerspitze gemahlenem Fenchelsamen und 1 Messerspitze Honig in etwa 20 Minuten zugedeckt bei schwacher Hitze weichdünsten. Den Topf immer wieder rütteln, damit das Gemüse nicht anbrennt. Die Erbsen anrichten und mit 1 Teelöffel gehackter frischer Pfefferminze bestreuen.

Feines Broccoligemüse

1,25 kg Broccoli · 2 Eßl. Distelöl · 1 Messerspitze Meersalz · 1 Messerspitze Muskatnuß, frisch gerieben · 1 Prise Cayennepfeffer · 60 g Butter · 2 Eßl. Zitronensaft · 2 Eßl. Mandelstifte · 1 Bund Petersilie

Pro Portion etwa 1240 Joule/295 Kalorien
Zubereitungszeit: 30 Minuten

Den Broccoli waschen, die Stiele sorgfältig bis zu den Röschen schälen und den Broccoli in Röschen zerteilen. Die Stiele kreuzweise einschneiden. Das Öl in einem flachen Topf mit großem Durchmesser erhitzen. Einige kleine Broccoliröschen zurückbehalten. Die anderen im Öl wenden, mit dem Salz, dem Muskat und dem Cayennepfeffer bestreuen und etwa 1 cm hoch mit Wasser bedecken. Das Wasser zum Kochen bringen und den Broccoli zugedeckt bei schwacher Hitze in 10–15 Minuten bißfest garen. Die Butter zerlassen und den Zitronensaft und die Mandelstifte unterrühren. Die Petersilie waschen, abtropfen lassen, mit den zurückbehaltenen Broccoliröschen feinhacken und unter das Gemüse mischen. Den Broccoli in einer vorgewärmten Schüssel anrichten und mit der heißen Buttersauce übergießen.

Das paßt dazu: gebratene Polentascheiben (Rezept Seite 94)

Peruanisches Maisgericht

Mais enthält von allen Getreidearten am wenigsten Eiweiß. Lange Zeit wunderten sich die weißen Medizinmänner in Amerika, wie die Indianer in Südamerika bei ihrer vorwiegend aus Mais bestehenden Ernährung gesund bleiben konnten, bis sie bemerkten, daß die Indianer stets Mais und Bohnen zusammen essen. Bohnenkerne enthalten reichlich das fehlende Eiweiß. Auf spanisch heißt dieses Gericht »Succotasch«.

150 g Azukibohnen (sehr kleine, dunkelbraune, getrocknete Bohnenkerne) · 350 g frische Maiskörner vom Kolben, ersatzweise tiefgefrorene · 1 Teel. Meersalz · 1 Teel. Koriander, grob gemahlen · 350 g junge grüne Bohnen · ⅛ l Gemüsebrühe · 1 Eßl. Öl · 1 Messerspitze Cayennepfeffer · ½ getrocknete Chilischote · 1 Teel. Kräutersalz · ¼ l Sahne · 2–3 Stengel Koriandergrün oder frische Pfefferminze

Pro Portion etwa 1975 Joule/470 Kalorien
Einweichzeit für die Azukibohnen: 12 Stunden
Zubereitungszeit: 1 Stunde und 30 Minuten

Die Bohnen 12 Stunden – am besten über Nacht – in kaltem Wasser einweichen und im Einweichwasser 30 Minuten kochen. Den Mais, das Salz und den Koriander zufügen und alles weitere 30 Minuten kochen lassen. Inzwischen von den grünen Bohnen die Spitzen und Stielenden abschneiden und die Bohnen waschen. Die Brühe mit dem Öl erhitzen und die grünen Bohnen bei mittlerer Hitze in etwa 15 Minuten darin bißfest dünsten. Wenn die Azukibohnen und der Mais weich sind, die grünen Bohnen zufügen. Das Gericht mit dem Cayennepfeffer, der Chilischote und dem Kräutersalz würzen. Die Sahne unterrühren und die Flüssigkeit bei mittlerer Hitze im offenen Topf noch etwas einkochen lassen. Das Koriandergrün oder die Pfefferminze waschen, abtropfen lassen und feinhacken. Das Maisgericht in eine vorgewärmte Schüssel füllen und mit den Kräutern bestreuen.

Das paßt dazu: Bataten in der Folie (Rezept Seite 96)

Peperonata

750 g rote und grüne Paprikaschoten · 375 g Zwiebeln · 2 Knoblauchzehen · ½ Tasse Olivenöl · ½ Teel. Rosmarinnadeln · 2 Teel. gehackte Salbeiblätter · 2 Teel. gehackter Thymian · 2 Teel. Kräutersalz · 1 Eßl. Apfelessig · 500 g Tomaten · 1 Bund Petersilie

Pro Portion etwa 860 Joule/205 Kalorien
Zubereitungszeit: 40 Minuten

Die Paprikaschoten waschen, vierteln, Stiel und weiße Trennwände entfernen, die Paprikaviertel in Streifen schneiden. Die Zwiebeln schälen und würfeln. Die Knoblauchzehen schälen und feinhacken. Das Öl in einer großen, tiefen Pfanne erhitzen und die Zwiebelwürfel darin glasig braten. Die Paprikastreifen, den Knoblauch, den Rosmarin, den Salbei und den Thymian zufügen, das Kräutersalz darüberstreuen und den Apfelessig zugeben. Alles bei mittlerer Hitze zugedeckt 10 Minuten dünsten, dabei ab und zu umrühren. Die Tomaten waschen, in Viertel schneiden, unter das Gemüse mischen und zugedeckt bei schwacher Hitze 5 Minuten mitgaren. Den Dekkel von der Pfanne nehmen und das Gemüse noch etwa 5 Minuten bei starker Hitze unter häufigem Umrühren kochen lassen, bis das Gericht fast cremig geworden ist. Die Petersilie waschen, trockenschleudern, kleinschneiden und unter die Peperonata rühren.

Das paßt dazu: körnige Goldhirse (Rezept Seite 90) oder Polenta (Rezept Seite 94)

Mein Tip: Peperonata schmeckt auch kalt sehr gut, vor allem auf gerösteten, gebutterten Weizenvollkornbrotscheiben.

Rosenkohl mit Käsesahnecreme

1,5 kg Rosenkohl · 60 g Butter · 2 Teel. gekörnte Gemüsebrühe · ½ Tasse Wasser · 1 Teel. getrockneter Salbei · 2 Messerspitzen geriebene Muskatnuß · 1 Messerspitze weißer Pfeffer · 62,5 g Doppelrahmfrischkäse (1 kleine Packung) · 3 Eßl. saure Sahne · 125 g mittelalter Bergkäse oder Goudakäse · 2 Teel. mildes Paprikapulver · ⅛ l Sahne · 1 Bund Petersilie

Pro Portion etwa 2330 Joule/550 Kalorien
Zubereitungszeit: 45 Minuten

Den Rosenkohl waschen, die Stielenden abschneiden, welke Blätter und schlechte Stellen entfernen. Die Butter in einem großen Topf zerlassen und den Rosenkohl darin wenden. Die gekörnte Gemüsebrühe im Wasser auflösen und über den Rosenkohl gießen. Den Salbei zwischen den Fingern über dem Rosenkohl zerreiben. Das Gemüse zugedeckt bei schwacher Hitze in 15–20 Minuten weichdünsten. Die Kohlröschen dürfen aber nicht zerfallen. Den Topf während der Garzeit ab und zu rütteln, damit der Rosenkohl nicht anbrennt und, wenn nötig, ein wenig heißes Wasser zugießen. Während der Kohl gart, den Frischkäse mit der sauren Sahne schaumigrühren. Den Käse feinreiben, in die Käsecreme rühren und mit dem Paprikapulver würzen. Die Sahne schlagen, bis sie fast steif ist und sorgfältig unter die Käsecreme ziehen. Die Petersilie waschen, trockenschleudern, feinschneiden und unter den Rosenkohl mischen. Die Käsesahnecreme gesondert zum Rosenkohl reichen.

Das paßt dazu: Kartoffelgratin (Rezept Seite 95) oder Haferplätzchen (Rezept Seite 94)

Mein Tip: Reichen Sie übriggebliebene Käsecreme zum Abendbrot als Brotaufstrich oder machen Sie einen Rohkostsalat damit an. Geben Sie dann eine Handvoll geriebene Haselnüsse in die Sauce.

Variante: Rosenkohl mit Tomatenpüree
750 g Rosenkohl in 40 g Butter und wenig Gemüsebrühe dünsten und wie im Rezept beschrieben würzen. 750 g Tomaten häuten, entstielen und kleinschneiden und in einem flachen Topf mit großem Durchmesser mit 1 zerdrückten Knoblauchzehe, ½ Teelöffel Rosmarinnadeln, ½ Teelöffel Meersalz in 3 Eßlöffeln Öl schmoren, bis sie ganz zerfallen sind. 1 Teelöffel Birnendicksaft und 1 Eßlöffel frisches, gehacktes Basilikum unterrühren. Den Rosenkohl in das Püree geben und darin schwenken, so daß alle Kohlröschen mit Tomatenpüree überzogen werden.

Mangold in heller Sauce

Für den Mangold:
1,5 kg Mangold · 2 Tassen Gemüsebrühe oder 2 Tassen Wasser und 2 Teel. gekörnte Gemüsebrühe · 4 Eßl. Öl
Für die Sauce:
2 Eßl. Butter · 2 Eßl. feingemahlener Weizen · 3 Tassen Gemüsebrühe (Mangoldkochflüssigkeit mit Wasser und 1–2 Teel. gekörnte Gemüsebrühe auf 3 Tassen Flüssigkeit ergänzt) · 8 Eßl. saure Sahne · ½ Teel. Selleriesalz · 1 Messerspitze gemahlene

Muskatblüte · 1 Teel. mildes Paprikapulver · 1 Eßl. Zitronensaft · 2 Eßl. gehackte Mangoldblätter

Pro Portion etwa 1 220 Joule/290 Kalorien
Zubereitungszeit: 25 Minuten

Den Mangold waschen. Die Blätter von den Stielen und Rippen streifen. Einige Blätter beiseite legen, die übrigen in ein feuchtes Küchentuch wickeln und für ein Blattmangoldgericht kühl aufbewahren. Die Enden von den Mangoldstielen abschneiden und die Stiele und Blattrippen in fingerlange Stücke schneiden. Das Öl mit der

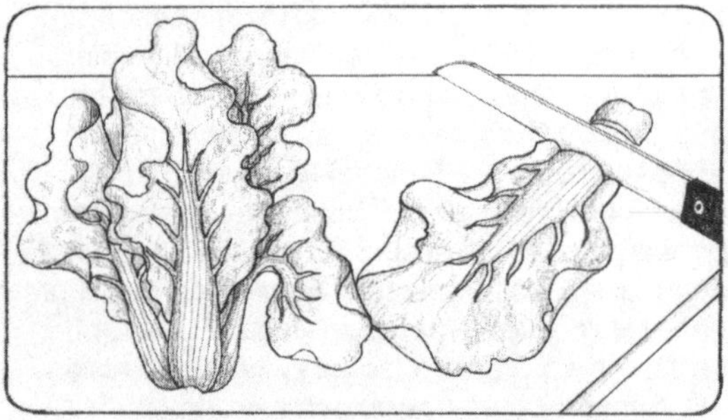

Von Mangold die Blätter mit den Stielen kleinschneiden oder, wie im Rezept angegeben, von den Stielen streifen und hacken.

Brühe in einem flachen Topf mit großem Durchmesser gießen, die Mangoldstiele einlegen, zum Kochen bringen und zugedeckt bei schwacher Hitze in etwa 10 Minuten weichdünsten. Für die Sauce die Butter zerlassen, das Mehl daraufstäuben und bei schwacher Hitze zu einer glatten Masse rühren. Unter ständigem Rühren die Brühe zugießen und die Sauce 5 Minuten kochen lassen. Die saure Sahne mit dem Selleriesalz, der Muskatblüte, dem Paprikapulver und dem Zitronensaft verquirlen und unter die Mehlsauce rühren. Die Sauce nicht mehr kochen lassen. Die gehackten Mangoldblätter untermischen. Die Mangoldstiele abtropfen lassen, in eine vorgewärmte Schüssel füllen und mit der Sauce übergießen.

Das paßt dazu: Buchweizengrütze (Rezept Seite 93)

Variante: Falscher Spargel
Die Mangoldstiele wie im Rezept beschrieben dünsten. 60 g Butter zerlassen und 4 Eßlöffel Vollkornbrösel darin kurze Zeit braten. Die Mangoldstiele abtropfen lassen, auf einer Platte anrichten, mit etwas Kräutersalz und mildem Paprikapulver bestreuen und mit den Butterbröseln begießen.

Junge Möhren

Bild Seite 51

2 l Wasser · 2 Teel. Meersalz · 1 kg sehr junge Möhren · 75 g Butter · 2 Messerspitzen Kräutersalz · ½ Teel. Honig · 1 Messerspitze gemahlener Piment · 1 Messerspitze gemahlener Rosmarin · 1 Prise geriebener Ingwer · 1 Prise gemahlener Kardamom · 3 Eßl. Wasser · ½ Teel. gekörnte Gemüsebrühe · 2 Eßl. Zitronensaft · 4 Eigelbe · 1 Bund Petersilie

Pro Portion etwa 1175 Joule/280 Kalorien
Zubereitungszeit: 30 Minuten

Das Wasser mit dem Salz zum Kochen bringen. Die Möhren unter fließendem Wasser gründlich bürsten, die Stielansätze und Wurzelspitzen abschneiden. Die Möhren 5 Minuten im kochenden Salzwasser blanchieren, aus dem Wasser heben und abtropfen lassen. Die Butter in einem Topf zerlassen. Die Möhren in der Butter wenden und mit dem Kräutersalz und den Gewürzen bestreuen. Die Möhren zugedeckt bei schwacher Hitze 5 Minuten in der Butter dünsten. Das Wasser mit der gekörnten Brühe, dem Zitronensaft und den Eigelben verquirlen, über die Möhren gießen und die Masse zugedeckt bei mittlerer Hitze stocken lassen. In einer vorgewärmten Schüssel anrichten und mit der gehackten Petersilie bestreuen.

Das paßt dazu: neue Pellkartoffeln in der Schale, Kartoffelgratin (Rezept Seite 95) oder körnige Goldhirse (Rezept Seite 94)

Kürbisgemüse mit Nudeln

Squash ist eine kleine Kürbisart mit harter, dikker, weißer Schale und festem, hellem Fruchtfleisch. Wegen seiner flachrunden und leicht nach außen gewölbten Form mit sanftgebogter Kante heißt er bei uns »fliegende Untertasse«. Squash schmeckt auch gut in Stücke geschnitten, in Olivenöl gebraten, leicht gesalzen und mit Zitronensaft beträufelt.

1 kg Gartenkürbis oder Squash · 1 Knoblauchzehe · 1 Zwiebel · 100 g Butter · 350 g kurze Vollkornnudeln · 3 l Wasser · 3 Teel. Meersalz · 1 Teel. Ölivenöl · 1 Bund Basilikum · Saft von 1 Zitrone · 1 Messerspitze Cayennepfeffer · 60 g Emmentaler Käse oder Bergkäse, frisch gerieben

Pro Portion etwa 2980 Joule/710 Kalorien
Zubereitungszeit: 45 Minuten

Den Gartenkürbis oder Squash schälen. Bei Gartenkürbis das weiche Innere mit den Kernen herauskratzen. Das Kürbisfleisch in kleine Würfel schneiden. Die Knoblauchzehe und die Zwiebel schälen und hacken. Die Butter in einer großen tiefen Pfanne mit Deckel zerlassen und die Zwiebel mit dem Knoblauch in der Butter goldgelb braten. Die Kürbiswürfel zufügen und bei mittlerer Hitze zugedeckt 10–15 Minuten nicht zu weich dünsten. Das Kürbisfleisch soll noch Biß haben. Während der Kürbis gart, für die Nudeln das Wasser mit 2 Teelöffeln Salz und dem Öl zum Kochen bringen. Die Nudeln zufügen und im offenen Topf bei mittlerer Hitze in 8–10 Minuten »al dente« kochen. Das Basilikum waschen, trokkentupfen und feinhacken. Das Gemüse mit dem restlichen Salz und dem Pfeffer würzen, den Zitronensaft und das Basilikum zufügen. Das Gemüse warm stellen. Die Nudeln abschütten und abtropfen lassen, in den Topf zurückgeben und mit dem Kürbisgemüse und dem Käse gründlich mischen.

Rote-Bete-Gemüse

1,25 kg möglichst gleichgroße junge rote Bete · 60 g Butter oder 4 Eßl. Öl · 2 Teel. Rübensirup oder Melasse · ½ Teel. geriebene Ingwerwurzel · 1–2 Teel. Kräutersalz · 2 Teel. Kümmel · 2 Eßl. Zitronensaft · ¼ l Sahne

Pro Portion etwa 1325 Joule/315 Kalorien
Zubereitungszeit: 1 Stunde und 20 Minuten
Zubereitungszeit im Dampfdrucktopf gegart: 40 Minuten

Von den roten Beten das Blattgrün abdrehen, nicht abschneiden. Die Schale der Knollen nicht verletzen, damit kein Fruchtsaft ausfließt. Die roten Beten unter fließendem Wasser bürsten und in einen Dampfdrucktopf oder in einen Siebeinsatz zum Dämpfen füllen. Dabei darauf achten, daß die dicken Knollen zu unterst liegen. Etwa ½ l Wasser in den Dampfdrucktopf füllen; beim Dämpfen im normalen Topf soviel Wasser einfüllen, daß es die roten Beten nicht berührt. Den Deckel schließen und das Gemüse im Dampfdrucktopf in etwa 20 Minuten, im anderen Topf in 60–75 Minuten weichdämpfen. Von den gegarten Knollen die Haut abziehen und die roten Beten in etwa 1 cm große Würfel schneiden. Die Butter oder das Öl in einem Topf erhitzen. Die roten-Beten-Würfel, den Sirup oder die Melasse mit dem Ingwer, dem Kräutersalz und dem Kümmel zufügen und das Gemüse bei mittlerer Hitze unter Wenden 5 Minuten darin anbraten. Den Zitronensaft und zuletzt die Sahne unterrühren. Alles noch einmal aufkochen lassen und das Gemüse in eine vorgewärmte Schüssel füllen.

Das paßt dazu: Vollkornnudeln mit geriebenem Käse und ein grüner Blattsalat

Selleriepüree

1,5 kg junger Knollensellerie möglichst mit dem Blattgrün · 2 Knoblauchzehen · ⅜–½ l Gemüsebrühe oder Wasser und 2–3 Teel. gekörnte Brühe · 3 Eßl. fein gemahlener Grünkern · ¼ l Milch · 2 Eßl. Zitronensaft · 1 Teel. Honig · ½ Teel. Selleriesalz · 1 Bund Petersilie · 1 Bund Pimpinelle · einige Liebstöckelblätter · Blattgrün der Sellerieknolle · 3 Eßl. Butter

Pro Portion etwa 1240 Joule/295 Kalorien
Zubereitungszeit: 40 Minuten

Die Sellerieknollen unter fließendem Wasser gründlich bürsten. Das eventuell vorhandene Selleriegrün auch waschen und aufbewahren. Jungen Sellerie gar nicht oder nur sehr dünn schälen, älteren Sellerie schälen und von schlechten Stellen befreien. Die Knollen in Würfel schneiden. Die Knoblauchzehen schälen und grobhacken. Den Sellerie und die Knoblauchzehen in einem Topf mit ⅜ l Gemüsebrühe übergießen, zum Kochen bringen und zugedeckt bei schwacher Hitze in etwa 20 Minuten weichdünsten. Wenn nötig, während des Dünstens noch wenig heiße Brühe nachfüllen. Die weichen Selleriewürfel durch ein Sieb in einen anderen Topf streichen. Eßlöffelweise das Grünkernmehl über das Selleriepüree stäuben und unterrühren. Die Milch erhitzen, mit dem Schneebesen unter Rühren bei schwacher Hitze zum Selleriepüree gießen und mit dem Zitronensaft, dem Honig und dem Selleriesalz würzen. Das Selleriepüree unter ständigem Schlagen mit dem Schneebesen noch etwas eindicken lassen. Die Kräuter waschen, trockentupfen und feinhacken. Die Butter stückchenweise unterarbeiten und die gehackten Kräuter unterrühren.

Das paßt dazu: Grüner Blattsalat und Getreidebratlinge (Rezept Seite 93)

Variante: Pastinakencreme
750 g Pastinaken und 500 g Möhren schaben oder dünn schälen und wie den Sellerie in Würfel schneiden und in Gemüsebrühe weichdünsten. Das Gemüse passieren, mit 2 Eßlöffeln Weizenvollkornmehl andicken, aufkochen lassen und 1 Tasse Sahne unterrühren. Das Püree dicklich einkochen lassen, mit Kräutersalz und ½ Teelöffel Apfeldicksaft würzen und 3 Eßlöffel sehr fein gehackte Petersilie unterrühren.

Staudensellerie mit Kräutern und Nußbutter

50 g Haselnüsse · 2 Stauden Bleichsellerie · ¼ l Gemüsebrühe oder Wasser und 2 Teel. gekörnte Gemüsebrühe · 1 Eßl. Öl · je ½ Teel. getrocknetes Liebstöckel, getrockneter

Thymian, gemahlener Fenchel · 2 Teel. Pilzpulver · 500 g Tomaten · 2 Eßl. Zitronensaft · 1 Eßl. Hefeextrakt · frische Kräuter wie Liebstöckel, Petersilie, Pimpinelle, Ysop · 3 Eßl. Butter · 1 Eßl. Tekka (Gewürzmischung)

Pro Portion etwa 1200 Joule/285 Kalorien
Zubereitungszeit: 45 Minuten

Die Haselnüsse mahlen. Den Bleichsellerie in einzelne Stangen zerlegen, die Stangen waschen, in fingerlange Stücke schneiden und in einen Topf geben. Die Brühe mit dem Öl, den getrockneten Kräutern und dem Pilzpulver mischen, über den Sellerie gießen und zum Kochen bringen. Die Selleriestücke zugedeckt bei schwacher Hitze in etwa 15 Minuten nicht zu weich dünsten. Inzwischen die Tomaten enthäuten, die Stiele entfernen und die Tomaten grobhacken. Die Tomatenstücke 5 Minuten vor Beendigung der Garzeit unter den Sellerie mischen. Das Gemüse mit dem Zitronensaft und dem Hefeextrakt würzen, die gewaschenen, gehackten Kräuter untermengen und das Gemüse in einer vorgewärmten Schüssel anrichten. Die Butter in einer Pfanne zerlassen, die gemahlenen Nüsse zufügen und bei schwacher Hitze unter ständigem Rühren in etwa 3 Minuten goldbraun braten. Etwas abkühlen lassen und mit Tekka würzen. Den Bleichsellerie mit der Haselnußbutter überziehen.

Das paßt dazu: Buchweizenklöße (Rezept Seite 92) oder Buchweizengrütze (Rezept Seite 93)

Mein Tip: Tekka ist eine fast schwarze, lockere, feinkrümelige Gewürzmischung aus fermentiertem Soja, Möhren, Zwiebeln, Lotoswurzelpulver, Sesamöl und Meersalz. Tekka gibt es in Naturkostläden. Man kann damit Gemüse- und Getreidegerichte abrunden und Salate würzen. Gut schmeckt diese Würze auch auf gebuttertem Vollkornbrot. Tekka soll nicht mitgekocht oder erhitzt werden. Es enthält reichlich Vitamine, Mineralstoffe und Spurenelemente.

Spargel mit Butter

Bei einem richtigen Spargelessen gibt es »Spargel satt«. Das bedeutet wörtlich genommen rund 500–750 g Spargel für jeden, denn Spargel besteht hauptsächlich aus Wasser und ist leicht verdaulich. Auch die neuen kleinen Kartöffelchen, die zum Spargelessen gehören, in Butter geschwenkt, mit Petersilie bestreut, sind nicht zu verachten.

2–3 kg Spargel · 2 l Wasser · 2 Teel. Meersalz · 2 Teel. Honig · 2 Eßl. Zitronensaft · 200 g Butter · 1,5 kg Kartoffeln · 1 Bund Petersilie

Pro Portion etwa 2710 Joule/645 Kalorien
Zubereitungszeit: 1 Stunde

Die Spargelstangen in reichlich handwarmem Wasser waschen und sorgfältig von den Spitzen zum Spargelende hin schälen. Die Schnittflächen und holzigen Enden der Spargel abschneiden. Den Spargelabfall in den 2 l Wasser 15 Minuten kochen, den Sud durchseihen und mit 20 g Butter, dem Salz, dem Honig und dem Zitronensaft zum Kochen bringen. Inzwischen jeweils 10 Spargelstangen mit Küchengarn zu Bündeln zusammenbinden. Die Spargelbündel vorsichtig ins kochende Wasser gleiten lassen und zugedeckt bei schwacher Hitze darin garen. Der Spargel ist gut, wenn die Stangen sich biegen, jedoch nicht schlaff sind. Schon während die Spargelschalen und -abschnitte ausgekocht werden, die Kartoffeln unter fließendem Wasser gründlich bürsten und im Dampfeinsatz über kochendem Wasser garen. Die Petersilie waschen, abtropfen lassen und feinhacken. Die Kartoffeln schälen. Die restliche Butter zerlassen, 2 Eßlöffel voll davon in einen Topf geben, die Kartoffeln dazugeben, mit der Petersilie bestreuen und den Topf mit geschlossenem Deckel schwenken, damit alle Kartoffeln mit Butter und Petersilie überzogen werden. Die Spargelbündel aus dem Kochwasser heben und abtropfen lassen. Die Spargel auf einer vorgewärmten Platte anrichten. Die Fäden von den Bündeln lösen. Den Spargel mit etwas Butter begießen; die übrige Butter gesondert zum Spargel und den Kartoffeln reichen.

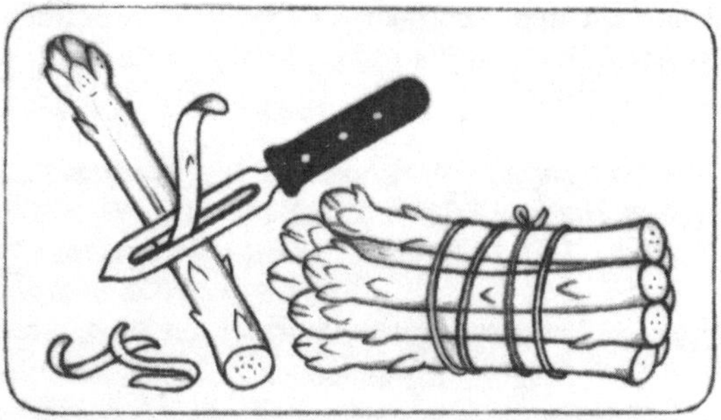

Spargel mit einem Spargel- oder Kartoffelschälmesser dünn und sehr sorgfältig schälen. Zum Kochen bündeln.

Mein Tip: Die wohlschmeckende Spargelkochbrühe nicht wegschütten, sondern für eine Gemüsebrühe (Rezept Seite 27) verwenden oder mit ein wenig gekörnter Gemüsebrühe und feingeschnittener Petersilie nachwürzen und trinken.

Variante: Spargel polonaise
Den Spargel garen und anrichten. 3 hartgekochte feingehackte Eier mit 150 g zerlassener Butter mischen und den Spargel damit übergießen. Ungeschälte Pellkartoffeln dazureichen.

Variante: Schwäbischer Spargel
Den gegarten Spargel auf einer vorgewärmten Platte anrichten und hauchdünne kleine Pfannkuchen aus einem Teig aus 100 g Weizenvollkornmehl, 2 Eiern oder 2 Eßlöffeln Sojamehl, ½ Teelöffel Salz und ¼–⅜ l kaltem Mineralwasser dazureichen. Die Pfannkuchen werden zweimal gefaltet und auf einem vorgewärmten Teller angerichtet. Heiße Butter dazu servieren.

Spitzkohl in Wein-Sahne-Sauce

1,5 kg Spitzkohl · 2 Eßl. Öl · 1 Teel. Meersalz · schwarzer Pfeffer, frisch gemahlen · 1 Messerspitze gemahlener Koriander · je ½ Teel. getrockneter Thymian und Beifuß · ⅛ l trockener Weißwein · ⅛ l Wasser · 1 Bund Petersilie · 1 Tasse Sahne · 1 Teel. Apfeldicksaft

Pro Portion etwa 880 Joule/210 Kalorien
Zubereitungszeit: 1 Stunden und 10 Minuten

Den Kohl putzen, vierteln und den Strunk herausschneiden. Die Kohlviertel kurz überbrausen und abtropfen lassen. Den Backofen auf 220° vorheizen. Das Öl in einer großen, flachen, feuerfesten Form mit Deckel auf der Herdplatte erhitzen. Die Kohlviertel darin wenden, mit der Schnittfläche nach oben nebeneinander in die Form legen und mit dem Salz und den Gewürzen bestreuen. Den Wein mit dem Wasser mischen und über den Kohl gießen. Den Spitzkohl zugedeckt – notfalls die Form mit Alufolie verschließen – in etwa 35 Minuten auf der 2. Schiene von oben im Backofen garen. Die Petersilie waschen, trockenschleudern und feinhacken. Die Dünstflüssigkeit in einen kleinen Topf gießen. Den Kohl im abgeschalteten Backofen warm halten. Die Flüssigkeit im Topf mit der Sahne verrühren und mit dem Apfeldicksaft abrunden. Die Sahnesauce über den Spitzkohl gießen und die Petersilie darüberstreuen.

Das paßt dazu: Dreikorngrütze (Rezept Seite 92)

Variante: Spitzkohlviertel in Basilikumsauce
Den Spitzkohl wie beschrieben vorbereiten und mit Kräutersalz und etwas frisch gemahlenem weißem Pfeffer würzen. 2 Eßlöffel Hefeflocken darauf verteilen und den Kohl statt in Wein in Gemüsebrühe garen. Die Garflüssigkeit in einen kleinen Topf gießen, 1 Eßlöffel Butter und 3 Eßlöffel frisches gehacktes Basilikum unterrühren oder 1 Gläschen Basilik (in Maiskeimöl mit Knoblauch eingelegtes Basilikum, das man in Naturkostläden kaufen kann). Den Kohl mit der Sauce übergießen.

Blattspinat mit Pinienkernen

1 kg Spinat · 1 kleine Zwiebel · 1 Knoblauchzehe · 2 Eßl. Butter · ½ Teel. Meersalz · 1 Messerspitze geriebene Muskatnuß · 3 Eßl. Sahne · frische Pfefferminzblätter · 2 Eßl. Pinienkerne

Pro Portion etwa 880 Joule/210 Kalorien
Zubereitungszeit: 45 Minuten

Den Spinat verlesen, das heißt, schlechte und welke Blätter entfernen. Dicke Stiele ebenfalls entfernen. Den Spinat mehrmals in reichlich handwarmem Wasser waschen und etwas abtropfen lassen. Die Zwiebel und die Knoblauchzehe schälen und sehr fein hacken. 1 Eßlöffel Butter in einem Topf zerlassen und die Zwiebel und den Knoblauch darin goldgelb braten. Etwa 100 g Spinat zurückbehalten, den übrigen mit dem noch anhaftendem Wasser ohne weitere Zugabe in einen anderen Topf geben, stark erhitzen und dann bei schwacher Hitze zugedeckt etwa 5 Minuten dünsten, bis die Blätter zusammengefallen sind. Den Spinat mit einem Schaumlöffel aus dem Topf heben, abtropfen lassen, grobhacken und zu der gebratenen Zwiebel und dem Knoblauch geben. Den Spinat salzen und mit dem Muskat würzen. Die Sahne und die übrige Butter unterrühren. Die rohen Spinatblätter feinhacken und mit den gewaschenen, gehackten Pfefferminzblättern unter den Spinat heben. Die Pinienkerne unter ständigem Rühren bei mittlerer Hitze in einer Pfanne ohne Fett goldgelb rösten und über den angerichteten Spinat streuen.

Das paßt dazu: In etwas Öl gebratene, dünne Weizenvollkornbrotscheiben und Spiegeleier oder weiche Eier

Mein Tip: Wenn der Spinat kleinblättrig und zart ist, braucht er nicht gehackt zu werden. Die rohen Spinatblätter, mit welchen Sie das Gemüse zuletzt aufwerten, sollten jedoch kleingeschnitten werden. Dünsten Sie 2 Eßlöffel gewaschene Rosinen mit dem Spinat und mischen Sie die Pinienkerne ungeröstet unter. Diese Spinat-Variante paßt gut zu Buchweizenklößen (Rezept Seite 92) und zu Haferplätzchen (Rezept Seite 94).

Variante: Mandelspinat
Den Spinat wie im Rezept beschrieben dünsten. 2 Eßlöffel feine Haferflocken oder Haferschrot und 2 Eßlöffel gemahlene Mandeln darüberstreuen und behutsam unterheben. Noch einmal kurz aufkochen lassen. 2 Eßlöffel Butter, 1 Teelöffel Kräutersalz sowie je 1 Messerspitze geriebene Ingwerwurzel und geriebenen Muskat unterrühren. Zuletzt 1 Handvoll zarte, frische, sehr fein gewiegte Brennesselspitzen untermengen.

Die ersten jungen Möhren sind zart und rasch gar, so ▷ daß sie im Ganzen gedünstet werden können. Rezept Seite 44.

Sehr feines Tomatengemüse

1 kg reife Tomaten · 3 Zwiebeln (etwa 150 g) · 1 Knoblauchzehe · 2 Eßl. Sonnenblumenöl · ½ Teel. getrockneter Majoran · 1 Teel. Meersalz · 1 Teel. Honig · 1 Messerspitze schwarzer Pfeffer, frisch gemahlen · 3 Teel. Pfeilwurzelmehl (Arrowroot) · ⅛ l Sahne · 1 Bund Basilikum oder Petersilie

Pro Portion etwa 670 Joule/160 Kalorien
Zubereitungszeit: 30 Minuten

Die Tomaten kreuzweise einritzen. Die Tomaten in einem Topf mit etwa 1½ l kochendem Wasser übergießen, 2 Minuten darin liegen lassen, herausnehmen, abschrecken, die Haut abziehen,

Tomaten zum Enthäuten kreuzweise einschneiden und kurz in kochendheißes Wasser legen.

die Stiele entfernen. Die Tomaten grobhacken. Die Zwiebeln und die Knoblauchzehe schälen und ebenfalls hacken. Das Öl in einem flachen Topf mit großem Durchmesser erhitzen und die Zwiebeln mit dem Knoblauch darin goldgelb braten. Die Tomaten und den Majoran zufügen und das Gemüse zugedeckt bei schwacher Hitze in etwa 15 Minuten weichdünsten und mit dem Salz, dem Honig und dem Pfeffer würzen. Das Pfeilwurzelmehl zuerst mit 1 Eßlöffel Sahne glattrühren, dann nach und nach die restliche Sahne unterrühren. Das gedünstete Tomatengemüse mit dem angerührten Pfeilwurzelmehl binden. Dabei gut umrühren, denn Arrowroot bildet leichter Klümpchen als gewöhnliche Speisestärke. Zuletzt die frischen Kräuter unter das Gemüse rühren.

Das paßt dazu: Gebratene Polentascheiben (Rezept Seite 94) oder Getreideschrotring (Rezept Seite 91) und ein grüner Blattsalat

Glasierte Teltower Rübchen

1 kg Teltower Rübchen · 60 g Butter · 2 Eßl. helle Melasse (Naturkostladen) · ¼ l Gemüsebrühe oder ¼ l Wasser und 2 Teel. Meersalz

Pro Portion etwa 965 Joule/230 Kalorien
Zubereitungszeit: 50 Minuten

Die Rübchen unter fließendem Wasser bürsten, sanft schaben, größere Rübchen halbieren oder vierteln, kleine im ganzen lassen. Die Butter in einem Topf zerlassen und die Melasse unterrühren. Die Rübchen zufügen und bei mittlerer Hitze darin unter Wenden anbraten, bis die Rübchen ganz mit der karamelisierten Masse überzogen sind und schön glänzen. Die Gemüsebrühe oder das Wasser und das Salz zufügen und die Rübchen bei schwacher Hitze in etwa 35 Minuten weichdünsten. Die Flüssigkeit ist bei Ende der Garzeit fast völlig verdampft.

Das paßt dazu: Kartoffelgratin (Rezept Seite 95) und ein Salat aus Kresse und Radieschen

Variante: Teltower Rübchen Märkische Art
Die Rübchen putzen, in Stifte schneiden und in

◁ Bei Groß und Klein beliebt ist Rotkohl mit Kastanien. Die mehligen, schwach süßen Maroni sättigen, ohne zu belasten. Rezept Seite 61.

½ l Gemüsebrühe weichkochen. Die Kochflüssigkeit abgießen und aufbewahren. In einem anderen Topf 2 Eßlöffel Butter zerlassen, 2 Eßlöffel Weizenvollkornmehl unter Rühren darin goldgelb braten und nach und nach die heiße Rübchenbrühe zugießen. Die Sauce 5 Minuten leise köcheln lassen, mit Salz und 1 Teelöffel Melasse würzen und die Sauce über die Teltower Rübchen gießen. Mit Petersilie bestreut zu Kartoffelpüree reichen.

Weißkohl mit Blattmangold

1 kg Weißkohl · 250 g Möhren · 500 g Blattmangold · 2 rote Zwiebeln · 3 Eßl. Sonnenblumenöl · 1 Teel. Honig · 2 Teel. gekörnte Gemüsebrühe · 1 Teel. grob gemahlener Koriander · 1 Teel. gemahlener Kümmel · 2 Teel. Senfkörner · 1 Eßl. Distelöl

Pro Portion etwa 800 Joule/190 Kalorien
Zubereitungszeit: 1 Stunde

Den Kohlkopf vierteln, die Viertel waschen. Die Strünke herausschneiden und aufbewahren. Die Kohlblätter in Streifen schneiden. Die Möhren unter fließendem Wasser bürsten und in kleine Würfel schneiden. Den Mangold waschen. Die Stiele abschneiden, die Mangoldblätter kleinschneiden und zugedeckt aufbewahren. Die Zwiebeln schälen, grobhacken und in Öl in einem großen Topf braten, bis sie Farbe angenommen haben. Den Kohl und die Möhrenwürfel bei mittlerer Hitze unter Wenden im offenen Topf 5 Minuten mit den Zwiebeln braten. Den Honig unterrühren, die gekörnte Brühe mit den Gewürzen zufügen und den Kohl mit den Möhrenwürfeln bei schwacher Hitze im eigenen Saft 30 Minuten dünsten. Die Mangoldblätter untermengen. Alles noch etwa 5 Minuten leise köcheln lassen, bis der Mangold weich ist. Das Gemüse noch 5 Minuten ziehen lassen. Kurz vor dem Auftragen das Distelöl darüberträufeln.

Das paßt dazu: In der Schale gebackene Kümmelkartoffeln (Rezept Seite 96)

Variante: Bayrischkraut
1,25 kg Weißkohl feinhobeln. 2 Teelöffel Honig in 50 g Butter bräunen. 1 gehackte Zwiebel, den Kohl, 2 Teelöffel Kümmel, 3 Teelöffel gekörnte Gemüsebrühe und ¼ l Wasser zugeben und 5 Minuten bei schwacher Hitze im offenen Topf und weitere 25 Minuten zugedeckt dünsten. 10 Minuten vor Beendigung der Garzeit 2 Eßlöffel Apfelessig unterrühren. Nach Belieben mit 1–2 Eßlöffeln Weizenvollkornmehl in Wasser angerührt binden und noch 5 Minuten leise kochen lassen.

Steckrübentopf

Steckrüben, die mancher von schlechten Zeiten in schlechter Erinnerung haben mag, sind ein wohlschmeckendes Gemüse, wenn man sie liebevoll würzt. Unbedingt brauchen sie etwas Süße. Dunkle Melasse oder Rübensirup paßt gut zu der robusten Rübenart.

1 kg Steckrüben · 500 g Kartoffeln · 2 Zwiebeln · 60 g Butter · 2 Eßl. Melasse · 1 l Wasser · 1 Eßl. gekörnte Gemüsebrühe · 1 Teel. Senfpulver · ½ Teel. schwarzer Pfeffer, frisch gemahlen · ½ Teel. gemahlener Kümmel · 2 Teel. getrockneter Majoran · 1 Lorbeerblatt · 2 Eßl. Nackthaferschrot · 1 Teel. Meersalz · 1 Bund Petersilie

Pro Portion etwa 1410 Joule/335 Kalorien
Zubereitungszeit: 1 Stunde

Die Steckrüben unter fließendem Wasser bürsten, dünn schälen und schadhafte Stellen abschneiden. Die Rüben in etwa 2 cm lange Stifte schneiden. Die Kartoffeln schälen, waschen und in nicht zu kleine Würfel schneiden. Die Zwiebeln schälen und würfeln. Die Butter in einem Topf

Von den Kohlrüben das Wurzel- und Stielende abschneiden und die Knollen möglichst dünn schälen.

zerlassen und die Melasse darin auflösen, die Steckrüben darin unter Wenden 3 Minuten anbraten. Die Kartoffelwürfel und die Zwiebeln zufügen. Das Wasser daraufgießen, mit der gekörnten Brühe, dem Senfpulver, dem Pfeffer, dem Kümmel, dem Majoran und dem Lorbeerblatt würzen und zum Kochen bringen. Das Gemüse zugedeckt bei schwacher Hitze in etwa 40 Minuten weichkochen. 5 Minuten vor Beendigung der Garzeit den Haferschrot gleichmäßig auf die Steckrüben und Kartoffeln streuen, umrühren und die Flüssigkeit damit binden. Das Gemüse mit Salz abschmecken. Die Petersilie waschen, trockenschleudern, feinhacken und die Steckrüben damit bestreuen.

Das paßt dazu: Feldsalat

Variante: Finnische Steckrüben
1 kg Steckrüben schälen, kleinwürfeln und in ½ l Wasser mit 2 Teelöffeln Meersalz und 2 Teelöffeln Rübensirup in etwa 30 Minuten weichdünsten. Die Steckrübenwürfel durch ein Sieb streichen. ½ Tasse Vollkornbrösel mit ½ Tasse Sahne übergießen und einige Minuten weichen lassen. 2 Eier verquirlen und mit den eingeweichten Vollkornbröseln unter das Steckrübenpüree rühren. Die Masse mit frisch gemahlenem Pfeffer und geriebener Muskatnuß würzen. In eine flache gebutterte Auflaufform füllen, mit Butterflöckchen belegen und 45 Minuten im vorgeheizten Backofen (190°) backen.

Lettisches Zwiebelragout

100 g Sojamark · 1 kg rote Zwiebeln · 4 Eßl. Sonnenblumenöl · 1 Eßl. Apfeldicksaft · 1 Eßl. gekörnte Gemüsebrühe · ¼ l Wasser · 2 Messerspitzen schwarzer Pfeffer, frisch gemahlen · 1 Lorbeerblatt · 1 Gewürznelke · je 1 Teel. getrockneter Majoran, Salbei und Basilikum · 250 g säuerliche Äpfel · 2 Eßl. Gerstenschrot · abgeriebene Schale und Saft von ½ unbehandelten Zitrone · 1–2 Teel. Meersalz · ⅛ l Sahne

Pro Portion etwa 2015 Joule/480 Kalorien
Einweichzeit für das Sojamark: 12 Stunden
Zubereitungszeit: 50 Minuten

Das Sojamark 12 Stunden – am besten über Nacht – gerade von Wasser bedeckt einweichen. Am nächsten Tag die Zwiebeln schälen, halbieren und die Zwiebelhälften in Scheiben schneiden. Das Sojamark abtropfen lassen. Das Öl in einem großen Topf erhitzen, das Sojamark ins Öl geben und 3 Minuten bei mittlerer Hitze anbraten; dabei mit dem Bratenwender wie Hackfleisch zerstoßen. Die Zwiebeln zufügen und den Apfeldicksaft unterrühren. Die gekörnte Brühe im Wasser auflösen und zugießen. Mit dem Pfeffer, dem Lorbeerblatt, der Gewürznelke, dem Majoran, dem Salbei und dem Basilikum würzen und alles zugedeckt bei schwacher Hitze 20 Minuten köcheln lassen. Inzwischen die Äpfel waschen, vierteln, vom Kerngehäuse befreien und die Apfelviertel quer in Scheiben schneiden. Die Apfelscheiben unter die Zwiebeln und das Sojamark heben, den Gerstenschrot darüberstreuen, umrühren und alles noch 10 Minuten kochen lassen. Zuletzt die Zitronenschale und den Zitronensaft zufügen, mit dem Salz abschmecken und die Sahne unterrühren. Die Flüssigkeit im offenen Topf bei mittlerer bis starker Hitze noch 5 Minuten einkochen lassen.

Das paßt dazu: Grünkernkranz (Rezept Seite 92) und ein grüner Blattsalat

Topinambur mit holländischer Sauce

Für die Topinambur:
800 g Topinambur · 1 Zwiebel · 1 Eßl. Butter · 2 Teel. gekörnte Gemüsebrühe · 1 Bund Basilikum
Für die Sauce:
1 kleine Zwiebel · 1 Zweig Estragon · 6 Eßl. Wasser · 2 Eßl. Zitronensaft · ½ Lorbeerblatt · 1 Nelke · 3 Eigelbe · 160 g Butter · ½ Teel. Meersalz · 1 Prise Cayennepfeffer

Pro Portion etwa 2055 Joule/485 Kalorien
Zubereitungszeit: 50 Minuten

Die Topinambur unter fließendem Wasser gründlich bürsten und wie Pellkartoffeln kochen oder dämpfen und abgießen. Die Garzeit beträgt 15–20 Minuten, je nach Dicke der Knollen. Die Knollen wie Pellkartoffeln schälen und in nicht zu dünne Scheiben schneiden. Die Zwiebel schälen und in kleine Würfel schneiden. Die Butter in einer großen Pfanne zerlassen und die Zwiebelwürfel darin goldgelb braten. Die Topinamburscheiben zufügen, mit der gekörnten Gemüsebrühe würzen. Die Topinambur unter Wenden bei mittlerer Hitze von allen Seiten leicht bräunen. Das Basilikum waschen, trockenschleudern, hacken und unterrühren. Für die holländische Sauce die Zwiebel schälen und sehr klein würfeln. Die Zwiebelwürfel mit dem Estragon, dem Wasser, dem Zitronensaft, dem Lorbeerblatt und der Nelke in einem kleinen Topf so lange einkochen lassen, bis nur noch etwa 3 Eßlöffel Flüssigkeit übrig sind. Die Flüssigkeit durch ein Sieb gießen und abkühlen lassen. Die Eigelbe mit der kalten Flüssigkeit verquirlen, im heißen, nicht kochenden Wasserbad so lange schlagen, bis die Masse cremig geworden ist. Währenddessen die Butter zerlassen. Die Schüssel aus dem Wasserbad nehmen und die zerlassene, nicht zu heiße Butter zuerst tropfen-, dann teelöffelweise unter die Eicreme rühren. Die Sauce mit dem Salz und dem Cayennepfeffer abschmecken und gesondert zu dem Topinamburgemüse reichen.

Variante: Topinambur mit Zucchini
500 g Topinambur nicht ganz weichkochen, abgießen, schälen und in nicht zu dünne Scheiben schneiden. 500 g kleine Zucchini 3 Minuten in kochendem Wasser blanchieren, in einem Sieb kalt überbrausen, abtropfen lassen und ebenfalls in Scheiben schneiden, die Stiele entfernen. Eine flache Auflaufform dick mit Butter ausstreichen und lagenweise die Topinambur- und Zucchinischeiben einschichten. Jede Lage mit etwas Kräutersalz und Piment bestreuen und mit Zitronensaft beträufeln. Frisch geriebenen Emmentaler Käse darüberstreuen und Butterflöckchen darauf verteilen. Das Gemüse auf der zweiten Schiebeleiste von oben im vorgeheizten Backofen (230°) 10 Minuten überbacken, bis der Käse geschmolzen ist.

Fenchelschnitzel

2 große Fenchelknollen (etwa 750 g) · 1 Teel. Salz · Saft von 1 Zitrone · 150 g Emmentaler Käse · 1–2 Teel Salz · 60 g Weizenvollkornmehl · 1 Eßl. Sojamehl · ½ Teel. Meersalz · 1 Messerspitze weißer Pfeffer, frisch gemahlen · 1 Eßl. Öl · ½–1 Tasse Mineralwasser · 2 Eßl. Weizenvollkornmehl · 1 Tasse Sonnenblumenöl · 1 Zitrone

Pro Portion etwa 2015 Joule/480 Kalorien
Zubereitungszeit: 40 Minuten

Die Fenchelknollen waschen und die Stiele abschneiden. Das zarte Fenchelgrün aufbewahren. Die Fenchelknollen in einem Topf, in den sie gerade nebeneinander hineinpassen, mit soviel schwach gesalzenem Wasser übergießen, bis sie knapp davon bedeckt sind und den Zitronensaft zufügen. Den Fenchel 15 Minuten kochen lassen. Inzwischen den Käse in 4 Scheiben schneiden. Das Weizenmehl mit dem Sojamehl, dem Salz, dem Pfeffer und dem Öl verrühren; nach und nach soviel Mineralwasser zufügen, bis ein dickflüssiger Teig entsteht. Den Teig 10 Minuten quellen lassen. Den Fenchel aus dem Kochwasser heben, abtropfen lassen und jede Knolle in 4 Scheiben schneiden. Jeweils 1 Käsescheibe zwischen 2 Fenchelscheiben legen und mit 2 Holzspießchen zusammenstecken. Die gefüllten Fenchelschnitzel in dem Mehl wenden. Das Öl in einer tiefen Pfanne gut heiß werden lassen. Die Fenchelschnitzel durch den Ausbackteig ziehen und nacheinander bei mittlerer Hitze von jeder Seite in etwa 4 Minuten goldbraun braten. Die gebratenen Fenchelscheiben abtropfen lassen und warm stellen, bis alle Schnitzel gebraten sind. Das Fenchelgrün feinhacken, die Fenchelscheiben damit überstreuen und mit Zitronenschnitzen garnieren.

Mein Tip: Den Kochsud vom Fenchel nicht weggießen, sondern mit gekörnter Gemüsebrühe nachwürzen und als Trinkbrühe reichen oder Getreidekörner für ein Getreidegericht am nächsten Tag darin einweichen.

Variante: Fenchelscheiben mit Kräutern
2–3 große Fenchelknollen 15 Minuten in Salzwasser kochen, in Scheiben schneiden und von beiden Seiten mit Honig bestreichen. Das gehackte Fenchelgrün mit 6 Eßlöffeln frisch gehackten Kräutern wie Dill, Estragon, Kerbel, Petersilie, Pimpinelle und wenig Thymian mischen. Die Fenchelscheiben darin wenden, mit etwas Kräutersalz bestreuen und mit Zitronensaft beträufeln. Die Fenchelscheiben in 2 Eßlöffeln Butter und 2 Eßlöffeln Öl von beiden Seiten 3–4 Minuten braten.

Auberginen im Tomaten-Bett

750 g Auberginen · 750 g Fleischtomaten · 2 Knoblauchzehen · 1–1½ Tasse Olivenöl · 2 Teel. Meersalz · 1 Teel. getrockneter Oregano · 1 Messerspitze schwarzer Pfeffer, frisch gemahlen · ⅛ l trockener Weißwein · 3 Eßl. Basilikumblättchen

Pro Portion etwa 1070 Joule/255 Kalorien
Zubereitungszeit: 40 Minuten

Die Auberginen in Scheiben schneiden. Die Tomaten häuten und grobhacken. Die Knoblauchzehen schälen und kleinschneiden.
Das Öl in einer Pfanne erhitzen und die Auberginenscheiben darin anbraten. Die gebratenen Auberginenscheiben gut abtropfen lassen. Die Tomaten und den Knoblauch im verbliebenen Öl in der Pfanne anbraten und mit dem Salz, dem Oregano und dem Pfeffer würzen. Den Wein zugie-

ßen und alles etwa 20 Minuten kochen lassen, bis eine dickliche Sauce entstanden ist. Die Basilikumblättchen waschen, trockentupfen und feinhacken. Die Auberginenscheiben in der Sauce erhitzen und zuletzt das Basilikum unterrühren.

Das paßt dazu: körnig gekochter Naturreis (Rezept Seite 94).

Auberginenscheiben mit Joghurtsauce

Für die Joghurtsauce:
250 g Bioghurt · 1 Tasse saure Sahne · 2 Knoblauchzehen · 2 Messerspitzen Meersalz · 1 Messerspitze schwarzer Pfeffer, frisch gemahlen · 5 Frühlingszwiebeln mit dem Grün · 1 Bund Dill · 1 Eßl. Zitronenmelisse · 1 kleine Salatgurke · 2 Eßl. Zitronensaft
Für die Auberginen:
750 g Auberginen · 1–1½ Tassen Olivenöl · 1 Teel. Knoblauchsalz · Saft von 1 Zitrone

Pro Portion etwa 1280 Joule/305 Kalorien
Zubereitungszeit: 35 Minuten

Für die Sauce das Bioghurt mit der sauren Sahne verrühren. Die Knoblauchzehen schälen, durch die Knoblauchpresse in das Sahnejoghurt drücken und die Sauce mit dem Salz und dem Pfeffer würzen. Die Zwiebeln waschen, mit etwa der Hälfte vom Zwiebelgrün sehr klein schneiden und in die Joghurtsauce geben. Den Dill und die Zitronenmelisse waschen, trockentupfen und feinhacken. Die Gurke waschen, halbieren, die Kerne herauskratzen und die Gurkenhälften grob in die Sauce raspeln. Den Zitronensaft und die Kräuter unterrühren. Die Joghurtsauce kühl stellen. Die Auberginen waschen, abtrocknen, die Stielenden entfernen, die Auberginen längs in etwa ½ cm dicke Scheiben schneiden und die Scheiben trockentupfen. Das Öl in einer großen Pfanne erhitzen und die Auberginenscheiben darin portionsweise von beiden Seiten goldbraun braten. Die gebratenen Scheiben auf saugfähigem Papier sehr gut abtropfen lassen, auf eine vorgewärmte Platte legen, mit Knoblauchsalz bestreuen und mit Zitronensaft beträufeln. Die Platte warm stellen, bis alle Auberginen-

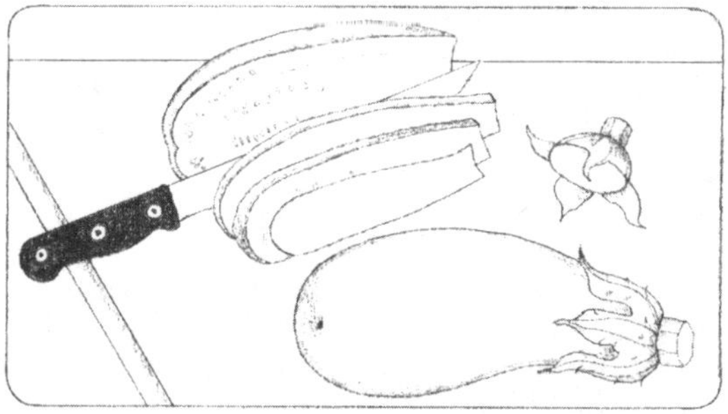

Von Auberginen das Stielende abschneiden und die Früchte längs in Scheiben schneiden.

scheiben gebraten sind. Die Auberginen saugen beim Braten viel Öl auf. Wenn nötig, noch mehr Olivenöl in die Pfanne gießen. Die gebratenen Auberginen warm oder kalt (Zimmertemperatur) reichen, doch stets mit gut gekühlter Sauce.

Mein Tip: Gurke ist ein ausgezeichnetes Kosmetikum: Pürieren Sie das aus der Gurke herausgekratzte Innere mit 1 zusätzlichem Stückchen zerkleinerter Gurke, 1 Teelöffel Zitronensaft, 1 Eiweiß und 2 Eßlöffeln frischen Pfefferminzblättchen im Mixer, tragen Sie die Mischung als Gesichtsmaske auf und lassen Sie sie 10 Minuten wirken. Dann mit lauwarmem Wasser abwaschen.

Kürbiscurry

1 kg Kürbis · 4 Eßl. Sonnenblumenöl · 2 Teel. indisches Currypulver · je 1 Teel. Senfkörner und Kreuzkümmel (Kumin) · 2 Messerspitzen geriebene Ingwerwurzel · 1 getrocknete, feingehackte Chilischote · ½ Tasse Wasser · 2 Teel. Meersalz · 100 g frische, ersatzweise getrocknete Kokosraspel · 2 Becher Sanoghurt (300 g)

Pro Portion etwa 1700 Joule/405 Kalorien
Zubereitungszeit: 40 Minuten

Den Kürbis schälen und in Würfel schneiden. Das Sonnenblumenöl in einem flachen Topf mit großem Durchmesser erhitzen und die Gewürze darin unter Rühren 5 Minuten anbraten. Die Kürbiswürfel und das Wasser zugeben und zugedeckt bei schwacher Hitze 10 Minuten dünsten lassen. Dabei hin und wieder umrühren, damit das Kürbisfleisch nicht anbrennt. Das Gemüse salzen und die Kokosraspel unterrühren. Alles noch 5 Minuten unter Wenden bei mittlerer Hitze braten, bis die Kokosraspel ein wenig Farbe angenommen haben. Das Sanoghurt verquirlen, unter das Gemüse rühren und heiß werden, aber nicht mehr kochen lassen.

Das paßt dazu: Goldhirse (Rezept Seite 90) oder Getreidebratlinge (Rezept Seite Seite 93)

Variante: Auberginencurry
1 kg Auberginen waschen und ungeschält in Würfel schneiden. In 4 Eßlöffeln Olivenöl je 1 Teelöffel gemahlene Gelbwurz (Kurkuma), indisches Currypulver, gemahlenen Kreuzkümmel, 2 Messerspitzen grobgemahlenen schwarzen Pfeffer und 1 Messerspitze Cayennepfeffer anbraten. 2 gehackte Zwiebeln darin Farbe annehmen lassen. Die Auberginen zufügen und zugedeckt bei schwacher Hitze 15 Minuten braten. 1 Eßlöffel Sesamsalz (Gomasio) und 150 g Kokosraspel unterrühren, zuletzt 2 Becher Sanoghurt unterrühren und alles noch einmal erhitzen.

Variante: Auberginen-Bananen-Pfanne
500 g Auberginen würfeln und in 2 Eßlöffeln Butter und 2 Eßlöffeln Öl 10 Minuten braten. 2 Teelöffel Currypulver, 1 Teelöffel mildes Paprikapulver, 1 Messerspitze Cayennepfeffer und 1 Teelöffel Meersalz zufügen. 500 g in Scheiben geschnittene Bananen, 50 g Rosinen und noch 1 Eßlöffel Butter zufügen und alles noch 5 Minuten braten. Den Bratensatz in der Pfanne mit ½ Tasse Wasser loskochen. Das Gemüse 5 Minuten zugedeckt bei schwacher Hitze dünsten und zuletzt 2 Eßlöffel gehackte Korianderblätter oder Petersilie untermengen.

Das paßt dazu: körnig gekochter Naturreis (Rezept Seite 94)

Chinakohl mit Äpfeln und Zwiebeln

1 kg Chinakohl · 250 g weiße Zwiebeln · 250 g mürbe Äpfel wie Cox-Orange oder Roter Boskop · 1 Knoblauchzehe · 4 Eßl. Sesamöl oder Sonnenblumenöl · 1 Teel. getrockneter Salbei · 1 Teel. Meersalz · ½–1 Tasse Gemüsebrühe · 2 Eßl. Sesamsamen · 1 Eßl. Zitronensaft · 1 Eßl. Tekka (Gewürzmischung)

Pro Portion etwa 1 010 Joule/240 Kalorien
Zubereitungszeit: 45 Minuten

Den Chinakohl in einzelne Blätter zerlegen, den Kohl waschen und abtropfen lassen. Die dicken Blattrippen herausschneiden und in etwa 2 cm breite Stücke, die Blätter in Streifen schneiden.

Die Zwiebeln schälen, halbieren und in Scheiben schneiden. Die Äpfel waschen, vierteln, vom Kerngehäuse befreien und die Apfelviertel quer in Scheiben schneiden. Die Knoblauchzehe schälen und kleinschneiden. Das Öl in einem flachen Topf mit großem Durchmesser erhitzen und die Zwiebeln darin goldbraun braten. Den

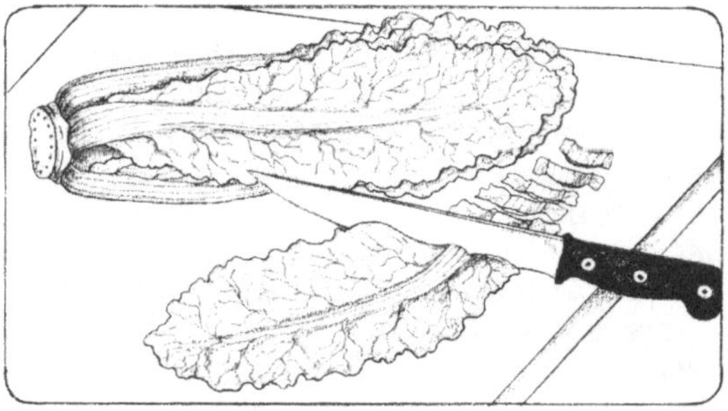

Chinakohlstauden in einzelne Blätter zerlegen und die gewaschenen Blätter in Streifen schneiden.

Knoblauch mit den Kohlrippen zufügen und bei mittlerer Hitze unter Wenden 3 Minuten anbraten. Die Kohlstreifen und dann die Apfelscheiben untermischen und mit dem Salbei und dem Salz würzen. Ein wenig Brühe zugießen und bei mittlerer Hitze im offenen Topf knapp 10 Minuten dünsten. Wenn die Flüssigkeit verdampft ist, noch etwas Brühe nachgießen, damit der Kohl nicht anbrennt. Chinakohl gart rascher als Weißkohl. Die Kohlstreifen sind gut, wenn sie fast weich, aber noch knackig sind. Während das Gemüse gart, eine kleine Pfanne ohne Fett heiß werden lassen und den Sesamsamen darin unter ständigem Rühren goldgelb rösten. Sobald er nußartig duftet, aus der Pfanne schütten, damit er nicht verbrennt. Den Zitronensaft unter den Kohl rühren, das Gemüse in einer vorgewärmten Schüssel anrichten und mit dem Sesam und dem Tekka bestreuen.

Das paßt dazu: Kartoffelsterz (Rezept Seite 95) oder Buchweizengrütze (Rezept Seite 93)

Variante: Chinakohl mit frischen Feigen
Von 1 kg Chinakohl wie im Rezept beschrieben die Blattrippen in Stücke und die Blätter in Streifen schneiden. 250 g Feigen in kleine Stücke schneiden. Die Kohlrippen in 2 Eßlöffeln Butter und 2 Eßlöffeln Sesamöl 2 Minuten anbraten. Die Feigen zufügen und 3 Minuten mitbraten. 1 Eßlöffel Apfeldicksaft unterrühren, mit Meersalz salzen und die Kohlblätter zufügen. Ein wenig Apfelsaft zugießen und alles im offenen Topf bei schwacher Hitze in 5–10 Minuten garen. 1 Eßlöffel frisch gehackte Pfefferminzblätter oder 1 Teelöffel getrocknete Pfefferminze unterrühren.

Das paßt dazu: Getreidebratlinge (Rezept Seite 93)

Pastinakenplätzli

500 g Pastinaken · 250 g Möhren · 250 g Pellkartoffeln · 1 Bund Petersilie · 2 Eier · 3–4 Eßl. Weizenvollkornmehl · 2 Teel. Kräutersalz · 1 Teel. Honig · ½ Teel. Fenchelsamen · ½ Teel. gemahlener Koriander · ½ Tasse Sonnenblumenöl

Pro Portion etwa 1325 Joule/315 Kalorien
Zubereitungszeit: 40 Minuten

Die Pastinaken und die Möhren unter fließendem Wasser sehr gut bürsten, Wurzelenden, Stielansätze und wenn nötig schlechte Stellen abschneiden. Die Rüben feinreiben. Die Pellkartoffeln schälen, ebenfalls reiben und mit den Pastinaken und Möhren mischen. Die Petersilie waschen, trockentupfen und feinhacken. Die

Eier, das Mehl, das Kräutersalz, den Honig, den Fenchelsamen, den Koriander und die Petersilie zu den Pastinaken geben und alles sehr gut miteinander verrühren. Es soll ein gut formbarer, jedoch nicht zu fester Teig entstehen. Je nachdem, ob der Teig zu weich oder zu fest ist, noch etwas Mehl oder Wasser zufügen. Aus dem Teig mit bemehlten Händen etwa 2 cm dicke und 8 cm lange Plätzchen formen. Das Öl in einer Pfanne erhitzen und die Pastinakenplätzli darin bei schwacher Hitze von jeder Seite in etwa 4 Minuten goldbraun braten und sofort sehr heiß servieren.

Das paßt dazu: Blattspinat mit Pinienkernen (Rezept Seite 49) oder ein grüner Blattsalat und ein Getreideschrotgericht (Rezepte Seite 91, 92)

Gebackene rote Bete

12 kleine rote Beten · 75 g Butter · 1 Teel. Kräutersalz · 2 Teel. gemahlener Kümmel · ⅛ l saure Sahne

Pro Portion etwa 1 030 Joule/245 Kalorien
Zubereitungszeit: 50 Minuten

Den Backofen auf 200° vorheizen. Von den roten Beten Stiele und Blätter abschneiden. Die Knollen unter fließendem Wasser gründlich bürsten und abtrocknen. Ein Backblech mit 1 Eßlöffel Butter einfetten, die rote Beten daraufsetzen und mit dem Kräutersalz und dem gemahlenen Kümmel bestreuen. Die rote Beten auf der mittleren Schiebeleiste etwa 40 Minuten backen. Sie sind gar, wenn sie sich mit einem Holzspießchen leicht bis zur Mitte einstechen lassen. Die saure Sahne kurz mit dem Schneebesen schlagen und mit der restlichen gut gekühlten Butter zu den roten Beten servieren. Die Pfeffermühle mit schwarzem Pfeffer auf den Tisch stellen.

Das paßt dazu: dunkles Vollkornbrot

Indische Okrapfanne

750 g kleine Okraschoten · 2 Knoblauchzehen · 1 getrocknete Chilischote · je 1 Teel. Gelbwurzpulver (Kurkuma), geriebene Ingwerwurzel, Kardamomkapseln, Kreuzkümmel, gemahlene Nelken, Pfefferkörner und gemahlener Zimt · 3 Eßl. Sesamsamen · 3 Eßl. Wasser · 75 g Butter · 180 g Sanoghurt · 1 Eßl. Zitronensaft · 1 Teel. Meersalz · 1 Eßl. frisches, gehacktes Koriandergrün und Ysopblätter oder Petersilie

Pro Portion etwa 1 115 Joule/265 Kalorien
Zubereitungszeit: 30 Minuten

Die Okraschoten mit einem trockenen Tuch abreiben und vorsichtig, ohne ins Fruchtfleisch zu schneiden, die Stielenden und Blütenansätze abschneiden. Die Okraschoten waschen und ab-

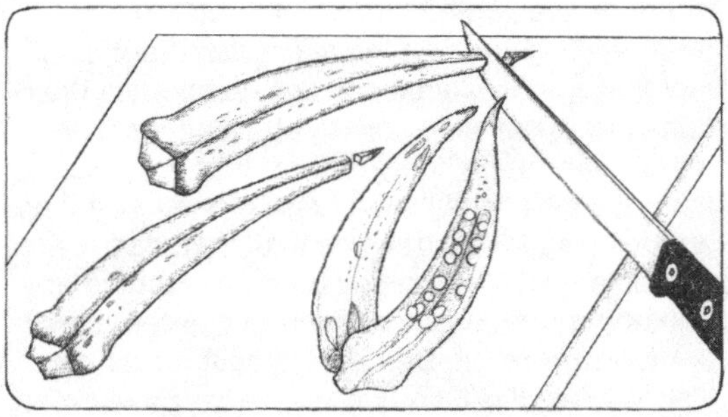

Von Okraschoten nur die äußerste Spitze und das Stielende abschneiden, dabei nicht ins Fruchtfleisch schneiden.

tropfen lassen. Die Knoblauchzehen schälen und grob kleinschneiden. Die Chilischote im Mörser zerdrücken. Den Knoblauch mit dem Chili, der Gelbwurz, dem Ingwer, den Kardomomkapseln, dem Kreuzkümmel, dem Nelkenpulver, dem Pfeffer, dem Zimt und dem Sesamsamen im Mixer zerkleinern oder im Mörser zerstoßen. Das Wasser zufügen und alles zu einer dicken Paste mischen. Die Butter in einer großen, tiefen Pfanne zerlassen und die Gewürzpaste darin 5 Minuten anbraten. Die Okraschoten zufügen und unter Rühren leicht bräunen lassen. Das Sanoghurt mit dem Zitronensaft und dem Salz verquirlen, unter die Okraschoten mischen und diese bei schwacher Hitze in etwa 15 Minuten garen. Ab und zu umrühren. Kurz vor dem Servieren die Kräuter hacken und unterrühren.

Das paßt dazu: Goldhirse (Rezept Seite 90) oder körnig gekochter Naturreis (Rezept Seite 94)

Apfel-Rotkohl

1 kg Rotkohl · 500 g säuerliche Äpfel · 1 Zwiebel · 2 Nelken · 4 Eßl. Öl · 2 Teel. Meersalz · ½ Teel. gemahlener Piment · 1 Teel. Senfkörner · ¼ l Apfelsaft · 2 Eßl. Apfeldicksaft · 2 Eßl. Distelöl

Pro Portion etwa 1260 Joule/300 Kalorien
Zubereitungszeit: 1 Stunde

Den Rotkohl waschen, vierteln und die Viertel mit dem Strunk fein hobeln oder schneiden. Die Äpfel waschen, ungeschält vierteln, vom Kerngehäuse befreien und die Apfelviertel in Scheiben schneiden. Die Zwiebel schälen und mit den Nelken bestecken. Das Öl in einem Topf erhitzen, den Rotkohl und die Apfelscheiben ins Öl geben, die gespickte Zwiebel zufügen und das Salz und die Gewürze darüberstreuen. Den Apfelsaft auf den Rotkohl gießen und zum Kochen bringen. Den Kohl bei mittlerer Hitze im offenen Topf 5 Minuten dünsten und im geschlossenen Topf bei schwacher Hitze in 30–40 Minuten weichschmoren. Zuletzt den Apfeldicksaft und das Distelöl unterrühren. Den Rotkohl nicht mehr kochen lassen.

Das paßt dazu: Kartoffelpüree (Rezept Seite 95) oder gebratene neue Kartoffeln (Rezept Seite 95), aber auch Getreideschrotgerichte (Rezepte Seite 91) oder Getreideauflauf (Rezept Seite 92)

Mein Tip: Einige Rotkohlblätter zurückbehalten und vor dem Servieren sehr fein geschnitten oder gehackt roh unter den Apfel-Rotkohl mischen.

Variante: Rotkohl mit Kastanien
Bild Seite 52
500 g Eßkastanien (Maronen) am spitzen Ende kreuzweise einschneiden und von Wasser bedeckt 20 Minuten kochen lassen. Die harten Schalen springen dabei auf. Die Kastanien schälen, dabei auch die braune pelzige Haut abziehen. 1 gehackte Zwiebel in Sonnenblumenöl glasig braten. Den feingehobelten Rotkohl zufügen und unter Wenden 10 Minuten anbraten. Den Rotkohl mit ½ Teelöffel Nelkenpulver, je 2 Messerspitzen geriebene Muskatnuß und weißem Pfeffer, 2 Teelöffeln Meersalz und 2 Eßlöffeln Apfelessig würzen. 1 Tasse Wasser mit 1 Teelöffel gekörnter Gemüsebrühe und 1 Tasse Apfelsaft zufügen und bei schwacher Hitze 20 Minuten schmoren lassen. Die geschälten Kastanien unterheben und alles in weiteren 20 Minuten fertig garen. Den Rotkohl mit 1 Eßlöffel Apfelkraut abrunden.

Spinatpfannkuchen mit Kräuterkäsefüllung

Für die Pfannkuchen:
100 g Spinat · 100 g Vollkornmehl (Gerste, Weizen und Buchweizen zu gleichen Teilen) · ½ Teel. Kräutersalz · 2 Eier · ½ Tasse Mineralwasser
Für die Füllung:
2 Bund frische, gemischte Kräuter (Kerbel, Pimpinelle, Sauerampfer) · 200 g Magerquark · 200 g Doppelrahm-Frischkäse · 3 Eßl. saure Sahne · je 1 Messerspitze Meersalz und weißer Pfeffer, frisch gemahlen
Zum Braten:
4 Eßl. Öl

Pro Portion etwa 1660 Joule/395 Kalorien
Zubereitungszeit: 45 Minuten

Den Spinat verlesen, mehrmals gründlich in lauwarmem Wasser waschen und etwas abtropfen lassen. Den Spinat mit dem noch anhaftendem Wasser ohne weitere Zugaben zugedeckt bei mittlerer Hitze 3–5 Minuten dünsten, bis er zusammengefallen ist, in einem Sieb abtropfen lassen und sehr fein hacken oder im Mixer pürieren. Das Mehl in einer Schüssel mit dem Kräutersalz mischen. Die Eier unterrühren und nach und nach das Mineralwasser zugießen. Den Spinat unterrühren und den Teig mindestens 30 Minuten ruhen lassen.
Für die Füllung die Kräuter waschen, trockentupfen und hacken. Den Quark mit dem Doppelrahm-Frischkäse, der sauren Sahne, dem Salz und dem Pfeffer glattrühren und die Kräuter unterziehen.
1 Eßlöffel Öl in einer Pfanne gut heiß werden lassen und nacheinander je nach Pfannengröße 4 große oder 8 kleine Pfannkuchen braten. Für jeden Pfannkuchen wieder etwas Öl in der Pfanne erhitzen. Die Pfannkuchen jeweils mit 2–3 Eßlöffeln der Käsecreme füllen und warm stellen, bis alle Pfannkuchen gebacken sind.

Das paßt dazu: Tomatensalat oder Kopfsalat

Variante: Gemüse-Omelette
Den Pfannkuchenteig ohne Spinatpüree, jedoch mit 3 Eiern zubereiten. 50 g gegartes Gemüse (beispielsweise aus der Gemüsebrühe, Rezept Seite 27, oder aus einem anderen Gemüsegericht ohne Sauce) feinhacken und mit gehackten frischen Kräutern unter den Pfannkuchenteig ziehen. 4 Pfannkuchen daraus braten und diese mit einem Blattsalat als leichtes Abendbrot reichen.

Avocado au gratin

2 große reife Avocados · Saft von ½ Zitrone · 1 kleine Zwiebel · 2 Knoblauchzehen · 2 Fleischtomaten · 2 Eßl. Butter · 1 Eßl. Sojasauce (Tamari) · 2 Eßl. geschälte Mandeln · 2 Eßl. saure Sahne · 1 Teel. Meersalz · 1 Prise Cayennepfeffer · 2 Eßl. Vollkornbrösel · 2 Eßl. alter Emmentaler Käse, frisch gerieben

Pro Portion etwa 1510 Joule/360 Kalorien
Zubereitungszeit: 35 Minuten

Die Avocados längs halbieren, die Steine herauslösen und das Avocadofleisch vorsichtig – ohne die Schalen zu beschädigen – mit einem spitzen Teelöffel aus den Schalen heben. Die Avocadoschalen aufbewahren. Das Avocadofleisch hacken und mit dem Zitronensaft beträufeln. Die Zwiebel und die Knoblauchzehen schälen und in kleine Würfel schneiden. Die Tomaten enthäuten und grobhacken, dabei die Stiele herausschneiden. Den Grill vorheizen. 1 Eßlöffel

Butter in einer Pfanne zerlassen und die Zwiebel- und Knoblauchwürfel darin glasig braten. Das Tomatenfleisch und die Sojasauce zufügen und alles etwa 10 Minuten dünsten, bis das Tomatenfleisch zerfallen ist. Die Mandeln hacken. Die saure Sahne unter die Tomatensauce rühren, mit dem Salz und dem Cayennepfeffer würzen. Die gehackten Mandeln, die Vollkornbrösel, den geriebenen Käse und das Avocadofleisch zufügen und gut umrühren. Die Masse in die Avocadoschalen füllen. Den Käse daraufstreuen und die restliche Butter in Flöckchen darauf verteilen. Die gefüllten Avocadohälften 6–8 Minuten dicht unter den Grillstäben grillen, bis der Käse geschmolzen und leicht gebräunt ist.

Sommergemüse in der Folie

250 g Spargel · 250 g junge Möhren · 1 Kohlrabi · 500 g Erbsen in der Schote · 250 g junge grüne Bohnen · 60 g Butter · ½ Bund Petersilie · 1 Stengel Basilikum · ½ Teel. Meersalz · ½ Teel. Kräutersalz · 1 Prise frisch geriebene Muskatnuß · 1 Zweig Bohnenkraut

Pro Portion etwa 650 Joule/155 Kalorien
Zubereitungszeit: 40 Minuten

Den Spargel waschen, schälen und holzige Enden abschneiden. Die Möhren unter fließendem Wasser gründlich bürsten und in etwa 3 cm lange Stücke schneiden. Den Kohlrabi schälen, zarte Blätter waschen, feinhacken, zugedeckt aufbewahren und den Kohlrabi in Scheibchen schneiden. Die Erbsen aus den Hülsen streifen, kurz überbrausen und abtropfen lassen. Die Bohnen waschen und Stielenden und Blütenansätze abschneiden; wenn nötig die Bohnen dabei abfädeln. Den Grill vorheizen. Die Butter zerlassen. Die Petersilie und das Basilikum waschen, trokkentupfen und feinhacken. Für jede Gemüsesorte ein genügend großes Stück extra starke oder doppelt gefaltete Alufolie zurechtschneiden, mit zerlassener Butter bestreichen und das vorbereitete Gemüse darauflegen. Die restliche Butter daraufträufeln und den Spargel mit wenig Meersalz bestreuen. Die Möhren mit etwas Kräutersalz und der Petersilie, den Kohlrabi mit Kräutersalz, Muskatnuß und den gehackten Kohlrabiblättchen und die Erbsen mit Meersalz und dem Basilikum bestreuen. Das Bohnenkraut auf die Bohnen legen und die Bohnen mit Kräutersalz würzen. Die Folienstücke über dem Gemüse zusammenschlagen und die Pakete durch mehrmaliges Umknicken der Folienränder fest verschließen. Zuerst die Bohnen und den Spargel auf dem Rost 5 Minuten dicht unter den Grillstäben grillen. Dann die Möhren und den Kohlrabi 5 Minuten grillen, zuletzt die Erbsen noch auf den Grillrost legen und 10 Minuten mitgrillen. Jedes Gemüsepaket während des Grillens einmal wenden. Die Gemüsepäckchen vorsichtig öffnen, dabei eine Serviette zu Hilfe nehmen, damit man sich nicht verbrennt, und die einzelnen Gemüsesorten nebeneinander auf einer vorgewärmten Platte anrichten.

Das paßt dazu: junge kleine Pellkartoffeln, in der Schale gegart

Gegrillte Auberginen

500 g Auberginen · 3 Eßl. Olivenöl · 4 Eßl. Weizenvollkornmehl · 1 Teel. Kräutersalz · 2 Messerspitzen schwarzer Pfeffer, frisch gemahlen

Pro Portion etwa 700 Joule/165 Kalorien
Zubereitungszeit: 20 Minuten

Die Auberginen waschen, abtrocknen und längs in Scheiben schneiden. Den Grill vorheizen. Den Grillrost einölen. Die Auberginenscheiben im Mehl wenden, überschüssiges Mehl abschütteln. Die bemehlten Auberginenscheiben auf beiden Seiten mit dem restlichen Olivenöl beträufeln und mit dem Kräutersalz und dem Pfeffer bestreuen. Die Auberginen auf den Grillrost legen und dicht unter den Grillstäben in etwa 5 Minuten von beiden Seiten bräunen. Die Fettpfanne dabei auf den Grillboden stellen.

Das paßt dazu: Pistou (Rezept »Französischer Gemüseeintopf mit Pistou« Seite 32) oder Basilik (Fertigprodukt)

Fritiertes Gemüse

Ausgebackenes Gemüse ist delikat und steht mit der Vollwertküche durchaus im Einklang, wenn das Öl erstklassig ist und nicht öfter als zwei- bis dreimal zum Fritieren verwendet wird. Fast jede Gemüsesorte kann auf diese schonende Weise gegart werden. Die Teighülle bewahrt das Gemüse dabei vor zu großer Hitze und erhält es schön saftig. Der Ausbackteig des folgenden Rezepts ist ausreichend für 500 g Gemüse.

Für den Ausbackteig:
6 Eßlöffel Vollkornweizenmehl · 1 Messerspitze Salz · 1 Prise Cayennepfeffer, Macis, gemahlene Nelken, Piment (insgesamt 2 Messerspitzen gemahlene Gewürze) · 1 Eßl. Öl · ½ Tasse Wasser · ½ Tasse Apfelsaft · 1 Eiweiß
Für das Gemüse:
500 g Gemüse wie Blumenkohl oder Broccoli, kleine Champignons, Fenchelknolle, Schwarzwurzel oder Spargel, Topinamburknollen oder Zucchini, Zuckerschoten
Zum Ausbacken:
½ l Sonnenblumenöl oder Olivenöl
Zum Garnieren:
Petersilie oder andere frische Kräuter · 1 Zitrone

Pro Portion etwa 1640 Joule/390 Kalorien
Zubereitungszeit: 1 Stunde

Für den Teig das Mehl mit dem Salz und den Gewürzen mischen und mit dem Öl, dem Wasser und dem Apfelsaft verrühren. Den Teig 30 Minuten quellen lassen. Inzwischen das Gemüse putzen und wenn nötig zerkleinern. Das Öl in einer Friteuse oder einem Topf auf 180° erhitzen. Das Eiweiß steif schlagen und unter den Teig ziehen. Die Gemüsestücke in den Ausbackteig tunken und je nach Konsistenz und Größe in 2–4 Minuten rundherum knusprig goldbraun ausbakken. Nicht zuviel Gemüse auf einmal ins heiße Öl geben, damit das Öl nicht zu stark abkühlt. Die fritierten Gemüsestücke mit dem Schaumlöffel aus dem Öl heben und auf saugfähigem Papier abtropfen lassen. Auf einer vorgewärmten Platte anrichten, mit gehackten Kräutern bestreuen und mit Zitronenschnitzen garnieren.

Gefülltes Gemüse

Für die manchmal etwas zeitraubende Zubereitung nachfolgender Leckerbissen belohnt uns deren köstlicher Geschmack. Gefülltes Gemüse sieht außerdem verlockend aus und eignet sich gut als Vorspeise für ein festliches vegetarisches Menü. Die Zutaten der Rezepte können halbiert werden, so daß man mehrere gefüllte Gemüsesorten für ein Hauptgericht kombinieren kann.

Kohlrabi mit Sojafüllung

100 g Sojamark · 1 Lorbeerblatt · 2 Teel. gekörnte Gemüsebrühe · 1 Teel. getrockneter Salbei · 4 große oder 8 kleine Kohlrabi · 1 Zwiebel · 1 Knoblauchzehe · 200 g Tomaten · 100 g frische Pilze · 3 Eßl. Sonnenblumenöl · 3 Eßl. Vollkornzwiebackmehl · ⅛ l trockener Weißwein · 2 Eier · ⅛ l saure Sahne · je 1 Eßl. frisch gehackter Dill, Kerbel, Sauerampfer und Schnittlauch · 1–2 Teel. Meersalz · 2 Messerspitzen weißer Pfeffer, frisch gemahlen · 2 Eßl. Hefeflocken · ¼–⅜ l heiße Gemüsebrühe

Pro Portion etwa 1 115 Joule/265 Kalorien
Einweichzeit für das Sojamark: 12 Stunden
Zubereitungszeit: 1 Stunde und 30 Minuten

Das Sojamark mit dem Lorbeerblatt, der gekörnten Brühe und dem Salbei knapp von Wasser bedeckt 12 Stunden (am besten über Nacht) einweichen. Am nächsten Tag die Kohlrabi schälen, zarte Kohlrabiblätter waschen und aufbewahren und die Knollen 20 Minuten dämpfen oder in wenig Wasser kochen lassen. Von jedem Kohlrabi eine Kappe abschneiden. Das Kohlrabifleisch bis auf einen ½ cm dicken Rand aus den Knollen herauskratzen, kleinhacken und aufbewahren. Die Zwiebel und die Knoblauchzehe schälen und hacken. Die Tomaten häuten, die Stiele entfernen, und ebenfalls hacken, die Pilze putzen und kleinschneiden. Die Zwiebel und den Knoblauch im Öl anbraten. Das Sojamark abtropfen lassen, das Lorbeerblatt entfernen und das Sojamark mit den Tomaten und den Pilzen zu der Zwiebel geben. Bei mittlerer Hitze 5 Minuten schmoren lassen. Das Zwiebackmehl unterrühren, den Weißwein zugießen und die Flüssigkeit einkochen lassen. Diese Mischung in einer Schüssel etwas abkühlen lassen und mit dem Kohlrabifleisch, den Eiern, der sauren Sahne, den Kräutern, dem Salz, dem Pfeffer und den Hefeflocken verrühren. Die Kohlrabiblättchen hacken und unterrühren. Die Kohlrabi mit der Soja-Kräuter-Mischung füllen und die Deckel aufsetzen. Die Kohlrabi nebeneinander in einen flachen Topf mit großem Durchmesser setzen, mit ¼ l Gemüsebrühe umgießen und zugedeckt bei schwacher Hitze in etwa 20 Minuten weich schmoren. Wenn nötig, etwas heiße Brühe nachgießen.

Das paßt dazu: Kartoffelpüree (Rezept Seite 95)

Gebackene junge Artischocken

12 kleine Artischocken · 100 g frische Pilze (Champignons, Egerlinge, Morcheln oder Pfifferlinge) · 3 Schalotten · 3 Eßl. Butter · 2 Messerspitzen Meersalz · 1 Messerspitze weißer Pfeffer, frisch gemahlen · 1 Eßl. Grünkernmehl · 5 Eßl. Sahne · 2 Eßl. gehackte Petersilie · 2 Eßl. frisch geriebener Parmesankäse
Für die Form: 2 Teel. Olivenöl

Pro Portion etwa 1155 Joule/275 Kalorien
Zubereitungszeit: 40 Minuten

Die Artischocken waschen, die Stiele abschneiden und die Blätter um ⅓ ihrer Länge kürzen. Die Artischocken 10 Minuten in kochendem Salzwasser blanchieren, herausnehmen, mit kaltem Wasser abschrecken und gut abtropfen lassen. Die inneren Blätter und das »Heu« aus den Artischocken entfernen. Die Pilze putzen, waschen und feinhacken. Die Schalotten schälen und kleinschneiden. 2 Eßlöffel Butter in einer Pfanne zerlassen, die Schalotten darin glasig braten, die Pilze zufügen und 5 Minuten mitbraten, salzen und pfeffern. Das Grünkernmehl darüberstäuben, umrühren und bei schwacher Hitze schmoren lassen, bis die Flüssigkeit gebunden ist. Die Sahne zugießen und etwas einkochen lassen. Die Petersilie unterrühren. Den Backofen auf 200° vorheizen. Die Artischocken mit der Pilzfarce füllen, mit dem Käse bestreuen und die restliche Butter in Flöckchen darauf verteilen. Eine flache feuerfeste Form mit dem Öl einfetten, die gefüllten Artischocken hineinsetzen und im Backofen auf der zweiten Schiebeleiste von oben 20 Minuten überbacken.

Zucchini mit Nußfüllung

4 Zucchini (1–1,25 kg) · Salz · 200 g gekochte Weizenkörner (Rezept Seite 90) · 100 g Walnußkerne · 125 g Doppelrahm-Frischkäse · 2 Eier · ½ Teel. Meersalz · ½ Teel. gemahlener Koriander · 1 Messerspitze schwarzer Pfeffer, frisch gemahlen · frisch gehackte Pfefferminzblätter oder Zitronenmelisse · Saft von ½ Zitrone · 3 Eßl. Sonnenblumenöl · ⅛ l Gemüsebrühe oder ⅛ l Wasser und 1 Teel. gekörnte Gemüsebrühe

Pro Portion etwa: 1930 Joule/460 Kalorien
Zubereitungszeit: 50 Minuten

Die Zucchini waschen, von beiden Enden ein kleines Stück abschneiden. Reichlich Salzwasser zum Kochen bringen und die Zucchini darin 3–4 Minuten blanchieren, aus dem Wasser heben und etwas abkühlen lassen. Die Zucchini längs halbieren und das Fleisch bis auf einen etwa ½ cm dicken Rand mit einem spitzen Teelöffel herauslösen. Das Zucchinifleisch hacken. Die Weizenkörner durch den Fleischwolf drehen. Die Walnußkerne hacken. Das Zucchinifleisch mit dem Weizen, den Walnußkernen, dem Frischkäse, den Eiern, dem Salz, dem Koriander, dem Pfeffer, den Kräutern und dem Zitronensaft zu einer glatten Farce verrühren und die ausgehöhlten Zucchinihälften damit füllen. Die gefüllten Zucchini in eine flache feuerfeste Form legen und die Füllung mit 1 Eßlöffel Öl beträufeln. Das restliche Öl in die Form geben und die Gemüsebrühe seitlich zugießen. Die Zucchini auf der zweiten Schiebeleiste von oben in den kalten Backofen stellen, auf 225° schalten und etwa 40 Minuten backen.

Mein Tip: Noch besser schmeckt das Gericht, wenn man die Zucchinihälften in ein Bett von Tomatensauce in die Form legt.

Wirsingwickel

Für die Füllung:
1½ Scheiben Vollkornbrot (50 g) · 3 Scheiben Vollkorntoastbrot (50 g) · knapp ¼ l Milch · 1 Eßl. getrocknete Pilze · 1 Zwiebel · 1 Knoblauchzehe · 1 Eßl. Butter · 1 Eßl. frisch geriebener Greyerzer Käse · 2 Eier · ½ Teel. Meersalz · 1 Messerspitze frisch geriebene Muskatnuß · 2 Eßl. frische, gehackte Petersiliie
Für den Wirsingkohl:
1 Kopf Wirsingkohl · Salz · 1 Zwiebel · 250 g Tomaten · 1 Eßl. Butter · 1 Teel. getrocknetes Basilikum · ½–¾ l Gemüsebrühe · 3 Eßl. saure Sahne · 2 Messerspitzen frisch geriebene Muskatnuß

Pro Portion etwa 1030 Joule/245 Kalorien
Zubereitungszeit: 1 Stunde und 30 Minuten

Für die Füllung das Brot mit der Milch übergießen und 30 Minuten weichen lassen. Die Pilze in lauwarmem Wasser einweichen. Inzwischen den Wirsingkohl in kochendem Salzwasser blanchieren, bis sich die Blätter lösen. Den Kohl aus dem Wasser heben und 16–20 Blätter ablösen. Das Brot ausdrücken und mit den abgetropften Pilzen durch den Fleischwolf drehen. Die Zwiebel und die Knoblauchzehe schälen, hacken und in der Butter goldgelb braten. Die gebratene Zwiebel in einer Schüssel mit dem durchgedrehten Brot, dem Käse, den Eiern, dem Salz, dem Muskat und der Petersilie zu einer glatten Farce verarbeiten.
Für die Wirsingwickel je nach Größe 2–3 Blätter aufeinanderlegen und 1–2 Eßlöffel der Füllung daraufgeben. Die Blätter aufrollen und dicht nebeneinander in eine flache feuerfeste Form legen. Den Backofen auf 200° vorheizen. Die Zwiebel schälen und würfeln. Die Tomaten häuten und hacken und mit den Zwiebelwürfeln 5 Minuten in der Butter braten, mit dem Basilikum würzen. Die Mischung auf den Wirsingwickeln verteilen, mit Gemüsebrühe umgießen. Die Wikkel im Backofen auf der zweiten Schiebeleiste von oben in 30–40 Minuten weich schmoren. Vor dem Servieren die saure Sahne unter die Garflüssigkeit rühren. Die Sauce mit dem Muskat würzen.

Das paßt dazu: Kartoffelschnee (Rezept Seite 95) oder Pellkartoffeln

Paprikaschoten mit Reisfüllung

100 g Naturreis · 8 rote oder grüne Paprikaschoten (etwa 1 kg) · 150 g Spinat oder Sauerampfer · 1 Stange Lauch · 100 g Pfifferlinge · 1 Zwiebel · 3 Eßl. Sonnenblumenöl · 50 g frische, gemischte Kräuter (Dill, Estragon, Kresse, Liebstöckel, Zitronenmelisse) · 2 Eßl. Haselnüsse · 2 Teel. Meersalz · 2 Teel. mildes Paprikapulver · 2 Eßl. Butter · ¼–⅜ l Gemüsebrühe · ⅛ l saure Sahne · 1–2 Teel. gekörnte Gemüsebrühe · 1 Messerspitze weißer Pfeffer, frisch gemahlen · 1 Teel. Birnendicksaft

Pro Portion etwa 1575 Joule/375 Kalorien
Einweichzeit für den Reis: 12 Stunden
Zubereitungszeit: 1 Stunden und 30 Minuten

Links: Vorbereiten der Paprikaschoten zum Füllen.
Mitte und rechts: Zerschneiden der Schoten für Paprikagemüse.

Den Reis unter fließendem Wasser gründlich waschen und knapp von Wasser bedeckt 12 Stunden – am besten über Nacht – einweichen. Am nächsten Tag noch 1 Tasse Wasser zugießen und den Reis zugedeckt bei schwacher Hitze 20 Minuten kochen lassen. Inzwischen die Paprikaschoten waschen, jeweils eine Kappe abschneiden und die Kerne und Rippen aus den Schoten

Hier entsteht ein Wirsingpudding. Mit den weichen Wirsingblättern läßt sich die Form leicht auskleiden. Rezept Seite 81. ▷

herauskratzen. Den Spinat oder Sauerampfer verlesen und mehrmals gründlich in handwarmem Wasser waschen. Den Lauch putzen, aufschlitzen, unter fließendem Wasser gründlich waschen und kleinschneiden. Den Spinat oder den Sauerampfer mit dem Lauch ohne weitere Wasserzugabe 5 Minuten zugedeckt dünsten, anschließend abtropfen lassen und hacken. Die Pfifferlinge putzen, waschen, abtropfen lassen und ebenfalls hacken. Die Zwiebel schälen und würfeln. Das Öl erhitzen und die Zwiebelwürfel darin glasig braten. Die Pilze zufügen und 5 Minuten mitbraten. Die Pilz-Zwiebel-Mischung mit dem Spinat und dem Lauch in eine Schüssel geben. Die Kräuter waschen und hacken. Den Reis und die frischen Kräuter zufügen. Die Haselnüsse hacken und mit dem Salz und dem Paprikapulver unterrühren. Alle Zutaten gut miteinander mischen und in die vorbereiteten Paprikaschoten füllen. Die Butter in einem flachen Topf mit großem Durchmesser zerlassen und die Schoten darin rundherum anbraten. Die Kappen auf die Schoten setzen. Die Paprikaschoten mit der Gemüsebrühe umgießen und im geschlossenen Topf 40–50 Minuten dünsten. Wenn nötig noch etwas heiße Brühe nachfüllen. Die gegarten Schoten aus dem Topf nehmen und warm stellen. Die saure Sahne zur Garflüssigkeit in den Topf gießen, umrühren, die Sauce mit der gekörnten Gemüsebrühe, dem Pfeffer und dem Dicksaft würzen und über die gefüllten Paprikaschoten gießen.

Variante: Paprikaschoten mit Quarkfüllung
250 g trockenen Magerquark mit 30 g weicher Butter, 100 g geriebenem würzigem Käse (Gouda, Greyerzer), etwas Meersalz und Pfeffer, 4 Eigelben, 5 Eßlöffeln Sahne und 2 Eßlöffeln Weizenvollgrieß sehr gut verrühren. Die Eiweiße steif schlagen und unterziehen. Die Masse in 8 kleinere, zum Füllen vorbereitete Paprikaschoten verteilen. Die Schoten in eine gut gebutterte flache Auflaufform setzen und im auf 220° vorgeheizten Backofen 20–30 Minuten backen, bis die Quarkfüllung hochsteigt und leicht bräunt.

Variante: Paprikaschoten mit Auberginen- und Tomatenfleisch-Füllung
4 große Paprikaschoten längs halbieren und von den Kernen und Rippen befreien. Je 250 g Auberginen und gehäutete Tomaten hacken und mit 1 gehackter Zwiebel und 2 gehackten Knoblauchzehen in 3 Eßlöffeln Olivenöl 10 Minuten braten. Mit Oregano, Rosmarin, Meersalz und Pfeffer würzen und 3 Eßlöffel Vollkornbrösel darunterмischen. Die Paprikaschotenhälften damit füllen. 2 Eßlöffel Olivenöl in eine flache, feuerfeste Form gießen, die Schoten einlegen und bei 200° im vorgeheizten Backofen 20 Minuten backen. Währenddessen eine dicke Béchamelsauce aus 2 Eßlöffeln Butter, 2 Eßlöffeln Vollkornweizenmehl, ¼ l Milch, 1 Messerspitze Meersalz, Pfeffer und geriebener Muskatnuß bereiten. 3 Eßlöffel geriebenen Emmentaler Käse darunterrühren. 2 Eigelbe mit 3 Eßlöffeln Sahne verquirlen und die Sauce damit legieren. Die Béchamelsauce über die gefüllten Schoten gießen. Die gefüllten Schoten im Backofen bei 220° goldbraun überbacken.

Auberginen mit Linsenfüllung

200 g Linsen · 1 Zwiebel · 1 Möhre · 2 Teel. gekörnte Gemüsebrühe · 1 Lorbeerblatt · 4 mittelgroße Auberginen (etwa 700 g) · 1 Teel. Honig · 2 Teel. gemahlener Kreuzkümmel · 1 Teel. getrockneter Thymian · 1 Messerspitze weißer Pfeffer, frisch gemahlen · ½ Teel. Salz · Saft von ½ Zitrone · 60 g frisch geriebener Pecorinokäse · 3 Eßl. frisch gehacktes Koriandergrün, ersatzweise Petersilie (etwa 2 Bund) · 2 Eßl. Olivenöl

◁ Zum Füllen wie geschaffen sind die dicken Gemüsezwiebeln. Gartenkräuter geben ihnen die richtige Würze. Rezept auf dieser Seite.

Pro Portion etwa 1195 Joule/285 Kalorien
Zubereitungszeit: 1 Stunde und 30 Minuten

Die Linsen in einem Sieb unter fließendem Wasser waschen. Die Zwiebel schälen und hacken. Die Möhre unter fließendem Wasser gründlich bürsten und in Scheiben schneiden. Die Linsen mit der Zwiebel, den Möhrenscheiben, der gekörnten Gemüsebrühe und dem Lorbeerblatt von Wasser bedeckt zum Kochen bringen und bei schwacher Hitze in 40–50 Minuten weich kochen. Inzwischen die Auberginen waschen, die Stiele abschneiden. Die Auberginen längs halbieren und auf einem Backblech in etwa 20 Minuten im Backofen bei 180° halbweich garen. Das Auberginenfleisch bis auf etwa einen etwa 1 cm dicken Rand herauskratzen und feinhacken. Das Lorbeerblatt aus den Linsen entfernen. Das Linsengemüse grob in einem Mixer pürieren oder stampfen und mit dem Auberginenfleisch, dem Honig, den Gewürzen, dem Salz, dem Zitronensaft, dem Pecorinokäse und dem gewaschenen gehackten Koriandergrün oder der Petersilie gründlich mischen. Den Backofen auf 200° vorheizen. Die Auberginenhälften mit der Linsenfarce füllen, mit dem Öl beträufeln und im Backofen auf der zweiten Schiebeleiste von oben 30 Minuten backen.

Gefüllte Zwiebeln

Bild gegenüber

4 große Gemüsezwiebeln (1 kg) · Salz · 750 g Blattmangold oder Spinat · 2 Knoblauchzehen · 6 Eßl. Sonnenblumenöl · 2 Teel. gekörnte Gemüsebrühe · 2 Messerspitzen gemahlener Piment · 1 Prise Cayennepfeffer · je ½ Teel. Rosmarinnadeln, getrockneter Lavendel und Salbei · 6 Eier · 4 Eßl. Sahne · 2 Messerspitzen Meersalz · 1 Teel. Pfeilwurzelmehl (Arrowroot) · ½ Tasse saure Sahne · je 1 Prise Meersalz und weißer Pfeffer, frisch gemahlen

Pro Portion etwa: 2060 Joule/490 Kalorien
Zubereitungszeit: 1 Stunde und 30 Minuten

Die Zwiebeln schälen, in reichlich Salzwasser 20 Minuten kochen und dann gut abtropfen und auskühlen lassen. Den Zwiebelsud aufbewahren. Den Mangold oder Spinat verlesen, waschen, nur kurz abtropfen lassen und mit dem anhaftenden Wasser 3 Minuten dünsten. Die zusammengefallenen Blätter in einem Sieb abtropfen lassen und noch etwas ausdrücken. Die Flüssigkeit aufbewahren. Den Mangold oder Spinat feinhakken. Die Zwiebeln quer halbieren. Das Zwiebelfleisch bis auf 2 Schichten aus den Zwiebelhälf-

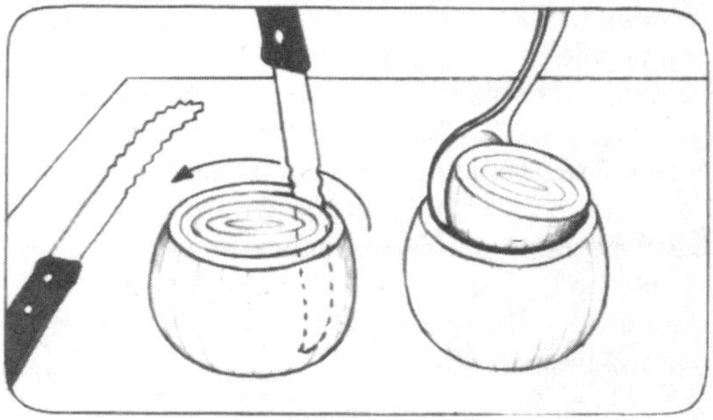

Zum Lockern des Zwiebelfleisches ein Grapefruitmesser verwenden. Das Fleisch mit einem scharfkantigen Löffel herauslösen.

ten herauslösen. Die entstandenen Löcher am Boden der Zwiebelhälften mit Zwiebelstückchen abdecken. Die Zwiebelhälften innen leicht salzen. Das Zwiebelfleisch ebenfalls kleinhacken. Die Knoblauchzehen schälen. 2 Eßlöffel Öl in einer großen Pfanne erhitzen. Das gehackte Zwiebelfleisch, den Mangold oder Spinat zufügen und den Knoblauch durch eine Knoblauchpresse daraufdrücken. Die gekörnte Brühe, den Piment und den Cayennepfeffer sowie die getrockneten Kräuter unterrühren und alles unter gelegentlichem Rühren 5 Minuten braten. Die Eier mit der Sahne und dem Salz verquirlen und über die Mischung in der Pfanne gießen. Die Eiersahne bei schwacher Hitze in 8–10 Minuten stocken lassen; dabei hin und wieder behutsam mit dem Bratenwender vom Pfannenboden lösen. Diese Masse mit einem Eßlöffel in die vorbereiteten Zwiebelhälften füllen. Den Backofen auf 200° vorheizen. Eine flache, feuerfeste Form mit Öl einfetten. Die gefüllten Zwiebeln hineinsetzen. Das Mangoldwasser mit dem Zwiebelsud auf ⅜ l Flüssigkeit ergänzen und in die Form gießen. Die Zwiebeln mit dem restlichen Öl beträufeln und auf der zweiten Schiebeleiste von oben im Backofen 30 Minuten backen. Die gefüllten Zwiebeln auf einer vorgewärmten Platte im abgeschalteten Backofen warm halten. Die Garflüssigkeit in einen Topf gießen und erhitzen. Das Pfeilwurzelmehl mit der sauren Sahne anrühren, die Flüssigkeit im Topf damit binden und die Sauce 2 Minuten leicht kochen lassen. Die Sauce mit dem Salz und dem Pfeffer abschmecken. Nach Belieben die Zwiebeln wieder in die Form setzen und mit der Sauce übergießen oder auf der Platte auftragen und die Sauce gesondert dazureichen.

Rotkohlrollen mit Grünkernfüllung

1 große Zwiebel · 2 Eßl. Distelöl · 150 g Grünkernschrot · ¼ l Wasser · 2 Teel. gekörnte Gemüsebrühe · 2 Eßl. Sonnenblumenkerne · 1 Rotkohl (etwa 1 kg) · 250 g trockener Magerquark · 2 Bund Kerbel oder Petersilie · ½ Teel. gemahlener Koriander · 1 Teel. Meersalz · 3 Eßl. Sonnenblumenöl · ⅛ l Apfelsaft

Pro Portion etwa 1195 Joule/285 Kalorien
Zubereitungszeit: 1 Stunde und 15 Minuten

Die Zwiebel schälen, würfeln und im Distelöl glasig braten. Den Grünkernschrot zufügen und unter Rühren 3 Minuten mitbraten. Das Wasser mit der gekörnten Gemüsebrühe zugießen und den Grünkern zugedeckt bei schwacher Hitze in etwa 15 Minuten ausquellen lassen. Inzwischen die Sonnenblumenkerne in einer Pfanne ohne Fettzugabe unter Rühren goldgelb rösten. Einen großen Topf mit Wasser zum Kochen bringen. Vom Rotkohl das Stielende kürzen und den ganzen Kohlkopf etwa 5 Minuten im kochenden Wasser blanchieren, bis sich die äußeren Blätter lösen. Den Kohl aus dem Wasser heben. Von 8 großen Blättern die dicken Mittelrippen flachschneiden. Den übrigen Kohl kühl aufbewahren und am nächsten Tag zu einem anderen Gericht verwenden (Rezepte Seite 61). Den Kerbel oder die Petersilie waschen, trockenschleudern und feinhacken. Den Quark in einer Schüssel mit dem Grünkern, dem Kerbel oder der Petersilie, dem Koriander und dem Salz glattrühren. Die Grünkernfüllung auf die Rotkohlblätter verteilen. Die Blätter aufrollen, die Seiten dabei über der Füllung zusammenschlagen und die Enden mit Holzstäbchen feststecken. Die Kohlrouladen im Sonnenblumenöl rundherum braun anbraten. Den Apfelsaft zugießen und die Rouladen zugedeckt bei schwacher Hitze in etwa 30 Minuten weichschmoren. Wenn nötig, noch etwas Apfelsaft nachgießen.

Das paßt dazu: Kartoffelpüree (Rezept Seite 95), dickes Preiselbeerkompott oder Apfelmus

Aufläufe und Soufflés

Viele der folgenden Aufläufe stellen ein selbständiges Gericht dar, doch alle sollten noch durch einen passenden Salat aus rohen Zutaten ergänzt werden. Zu Aufläufen aus Fruchtgemüsen wie Auberginen, Zucchini oder Tomaten reicht man am besten einen grünen Blattsalat. Zu Aufläufen aus Blattgemüse passen Salate aus fein geriebenen Möhren, geriebenem Rettich oder roten Beten gut.

Überbackener Fenchel

1 kg Fenchelknollen · 500 g Tomaten · 2 Eßl. Distelöl · 1 Teel. Kräutersalz · 2 Teel. getrocknetes Basilikum · 1 Messerspitze weißer Pfeffer, frisch gemahlen · 2 Tassen gekochter Weizenschrot (Rezept Seite 91) · 50 g Parmesan, frisch gerieben · 4 Eßl. saure Sahne · 1 Eßl. Pilzpulver · 2 Bund Dill · 1 Eßl. Butter

Pro Portion etwa 1510 Joule/360 Kalorien
Zubereitungszeit: 1 Stunde

Vom Fenchel die Stiele, den Wurzelansatz und von den Stielen das Fenchelgrün abschneiden. Die Knollen und das Fenchelgrün waschen. Das Grün aufbewahren, die Knollen halbieren und die Hälften in Scheiben schneiden. Die Tomaten häuten, in dicke Scheiben schneiden und dabei die Stiele entfernen. Den Backofen auf 200° vorheizen. Eine flache, feuerfeste Form mit 1–2 Teelöffeln Öl einfetten. Die Fenchelscheiben in die Form legen, mit dem Kräutersalz, dem Basilikum und dem Pfeffer bestreuen. Die Tomatenscheiben darauflegen und wie den Fenchel würzen. Das Fenchelgrün feinhacken. Den Dill waschen, trockenschleudern und feinhacken. Den Weizenschrot mit dem geriebenen Parmesan, der sauren Sahne, dem Pilzpulver, dem Fenchelgrün, dem frisch gehackten Dill und dem restlichen Öl verrühren, auf die Tomaten verteilen und glattstreichen. Die Butter in Flöckchen daraufsetzen und den Auflauf im Backofen auf der mittleren Schiebeleiste 40 Minuten backen.

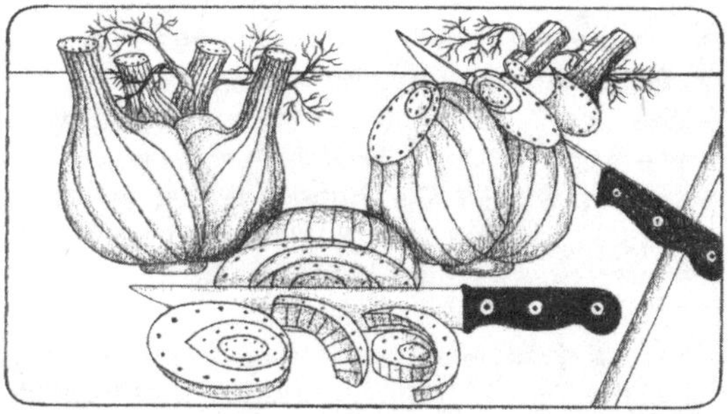

Sollen Fenchelknollen kleingeschnitten werden, die Stiele abschneiden, die Knollen halbieren, wie Zwiebeln in Scheiben schneiden.

Auberginen-Auflauf mit Tomaten

750 g Auberginen · 750 g Tomaten · 3 Knoblauchzehen · 1–2 Bund Petersilie · 1 Tasse Vollkornbrösel · 1 Eßl. abgeriebene unbehandelte Zitronenschale · 100 g frisch geriebener Emmentaler oder Pecorino · 1 Eßl. Olivenöl · 1 Teel. Meersalz · 1 Teel. getrockneter Oregano · 1 Eßl. Butter

Pro Portion etwa 1175 Joule/280 Kalorien
Zubereitungszeit: 1 Stunde

Die Auberginen waschen, abtropfen lassen und quer in etwa 1 cm dicke Scheiben schneiden. Die Tomaten häuten, die Stiele entfernen und feinhacken. Den Knoblauch schälen, hacken und mit den Tomaten mischen. Die Petersilie waschen, trockentupfen und feinhacken. Die Vollkornbrösel mit der Zitronenschale, dem Käse und der

Petersilie mischen. Den Backofen auf 200° vorheizen. Eine große, flache Auflaufform mit etwas Olivenöl ausstreichen. Auf den Boden der Form die Hälfte der Auberginenscheiben legen, mit Salz bestreuen und mit etwas Olivenöl beträufeln. Die gehackten Tomaten darauf verteilen, salzen und mit dem Oregano bestreuen. Die restlichen Auberginenscheiben auf die Tomatenschicht legen, salzen, das restliche Öl darauf-träufeln und mit der Vollkornbrösel-Käse-Mischung bedecken. Die Butter in Flöckchen daraufsetzen und den Auflauf 30 Minuten auf der mittleren Schiebeleiste backen.

Das paßt dazu: einfache Getreideschrotgerichte (Rezepte Seite 91), Dreikorngrütze oder Polenta oder geröstete Weizenvollkornbrotscheiben

Gurkenmussaka

200 g Sojamark (etwa 2 Tassen) · 2 Eßl. getrocknete Pilze · 1–2 Teel. Meersalz · 2 Messerspitzen gemahlener Piment · 1 Teel. getrocknetes Liebstöckel · 1 kg Schmorgurken · 2 Eßl. Butter · 2 Eßl. Zitronensaft · 2 Teel. gekörnte Gemüsebrühe · 250 g Magerquark · 2 Eßl. Sonnenblumenkerne · 2 Knoblauchzehen · 2 Bund Dill · 3 Eßl. Öl

Pro Portion etwa 1090 Joule/260 Kalorien
Zeit zum Einweichen für das Sojamark: 10–12 Stunden
Zubereitungszeit: 1 Stunde

Das Sojamark mit den Pilzen, 1 Teelöffel Salz, dem Piment und dem Liebstöckel knapp mit Wasser bedeckt einmal kurz aufkochen und dann zugedeckt 10–12 Stunden weichen lassen. Die Schmorgurken waschen, halbieren und die Gurkenhälften in fingerdicke Scheiben schneiden. Die Butter in einer großen Pfanne zerlassen, die Gurken hineingeben, mit dem Zitronensaft und der Gemüsebrühe würzen und bei mittlerer Hitze unter Wenden goldgelb und glasig braten. Den Backofen auf 220° vorheizen. Die Pilze aus dem Einweichwasser nehmen, kleinschneiden und wieder zum Sojamark geben. Das Sojamark, das jetzt ganz weich geworden ist, mit dem Quark und den Sonnenblumenkernen mischen und dabei zerdrücken. Die Knoblauchzehen schälen und durch die Knoblauchpresse auf die Sojamischung drücken. Die Masse mit Salz abschmecken und den frisch gehackten Dill unterrühren. Eine flache feuerfeste Form mit etwas Öl einfetten und die Gurkenstücke einfüllen. Die Soja-Quark-Mischung darauf verteilen und mit dem restlichen Öl beträufeln. Den Auflauf im Backofen auf der mittleren Schiebeleiste 40 Minuten backen. Wenn die Oberfläche zu rasch bräunt, mit Alufolie abdecken.

Das paßt dazu: Grünes Kartoffelpüree (Rezept Seite 96) und Tomatensalat

Mein Tip: Mit der Soja-Quark-Mischung bedeckt können auch gehäutete halbierte Tomaten oder in dicke Scheiben geschnittene Zucchini gebakken werden. Diese Gemüsesorten brauchen jedoch nicht angebraten werden. Tomaten anstatt mit Zitronensaft mit Basilikum würzen und mit Kräutersalz bestreuen. Zucchini wie Gurken würzen.

Linsentorte

300 g Linsen · 2 Möhren · 1 Stück Sellerieknolle · 1 große Zwiebel · 2 Gewürznelken · 1 Lorbeerblatt · 1 Stück unbehandelte Zitronenschale · 2 Eßl. Butter · 2 Eier ·

3–5 Eßl. Vollkornbrösel · Saft von ½ Zitrone · 1–2 Teel. Meersalz
Für die Form: 2 Teel. Öl

Pro Portion etwa 1745 Joule/415 Kalorien
Einweichzeit für die Linsen: 2 Stunden
Zubereitungszeit: 1 Stunde und 40 Minuten

Die Linsen waschen, verlesen und von Wasser bedeckt 2 Stunden weichen lassen. Die Möhren und den Sellerie waschen putzen und kleinschneiden. Die Zwiebel schälen, mit den Nelken und dem Lorbeerblatt bestecken, und mit der Zitronenschale, den Möhren und dem Sellerie zu den Linsen geben. Die Linsen zugedeckt bei schwacher Hitze in etwa 1 Stunde weich kochen, wenn nötig noch wenig Wasser nachfüllen. Die Flüssigkeit soll zuletzt völlig aufgesogen sein. Die Zwiebel und die Zitronenschale entfernen und die Linsen durch ein Sieb in eine Schüssel streichen. Den Backofen auf 180° vorheizen. Die Butter unter das Linsenpüree rühren. Die Eier verquirlen und unter den Linsenbrei mischen. Soviel Vollkornbrösel unterrühren, daß ein nicht allzu fester Brei entsteht. Den Zitronensaft und das Salz zufügen. Eine Springform von 22 cm Durchmesser einölen, die Linsenmasse einfüllen und im Backofen 30 Minuten backen.

Das paßt dazu: ein grüner Salat oder Sauerkrautsalat und Tomatensauce

Mein Tip: Für die Tomatensauce vollreife Früchte kleinschneiden, 3 Minuten bei starker Hitze andünsten und durch ein Sieb streichen. Mit wenig Salz, etwas Honig, gemahlenem Piment und frischen, gehackten Kräutern (Basilikum, Thymian) würzen. Im Winter können dazu auch Tomaten aus der Dose verwendet werden, die zu dieser Jahreszeit von besserer Qualität als frische Tomaten sind.

Mangold-Pfannkuchen-Auflauf

Für die Pfannkuchen:
5 Eßl. Weizenvollkornmehl · 3 Eier · ⅛ l Milch · je 1 Messerspitze Salz und geriebene Muskatnuß · 3 Eßl. Sonnenblumenöl · 60 g frisch geriebener Emmentaler oder Greyerzer Käse
Für den Mangold:
1 kg Mangold · 1 Knoblauchzehe · 3 Eßl. Sonnenblumenöl · 1 Teel. Meersalz · 1 kleiner Zweig Liebstöckel oder ½ Teel. getrocknetes Liebstöckel · je 2 Teel. frischer, feingehackter Majoran und frisches Bohnenkraut oder je ½ Teel. der getrockneten Kräuter
Für die Form und zum Belegen: 1 Eßl. Butter

Pro Portion etwa 1615 Joule/385 Kalorien
Zubereitungszeit: 40 Minuten
Zeit zum Überbacken: 15 Minuten

Das Mehl mit den Eiern, der Milch, dem Salz und dem Muskat zu einem glatten, ziemlich dünnflüssigen Teig verrühren und diesen ruhen lassen. Inzwischen den Mangold verlesen, in reichlich kaltem Wasser gründlich waschen, abtropfen lassen und die Stielenden abschneiden. Die Mangoldstiele in etwa 2 cm lange Stücke und die Blätter grob kleinschneiden. Die Knoblauchzehe schälen und sehr fein hacken. Das Öl in einem flachen, großen Topf erhitzen und zuerst die Mangoldstiele darin unter Wenden etwa 3 Minuten dünsten. Dann die Blätter, den Knoblauch, das Salz und gegebenenfalls die getrockneten Kräuter zufügen, umrühren und das Gemüse ohne Flüssigkeitszugabe zugedeckt bei schwacher Hitze 8–10 Minuten dünsten. Inzwischen aus dem Teig in dem Öl nacheinander dünne Pfannkuchen backen und übereinandergeschichtet aufbewahren. Den Backofen auf 180° vorheizen. Eine runde feuerfeste Form mit etwas Butter einfetten. Die gehackten frischen Kräuter unter das Gemüse mischen. Einen Pfannkuchen in die Form legen, etwas Mangoldgemüse darauf verteilen und mit geriebenem Käse bestreuen. Die übrigen Pfannkuchen, das Gemüse und den Käse genauso einschichten. Mit einem Pfannkuchen abschließen. Die restliche Butter in Flöckchen daraufsetzen und den Auflauf 15 Minuten im Backofen auf der mittleren Schiebeleiste überbacken.

Das paßt dazu: Tomatensalat oder Möhrenrohkost und etwas gut gekühlte, geschlagene saure Sahne

Kohlrabi-Kartoffel-Gratin

750 g Kohlrabi · 750 g neue Kartoffeln · 4 Zwiebeln · 2 Eßl. Butter · einige frische Liebstöckelblätter · 1 Bund Petersilie · 1 Teel. getrockneter Thymian · 2 Teel. Kräutersalz · 1 Messerspitze Muskatnuß, frisch gerieben · ⅛ l saure Sahne · 2 Eier · 1 Teel. mildes Paprikapulver · 1 Messerspitze Meersalz · 2 Eßl. Vollkornbrösel · 50 g Emmentaler, frisch gerieben · 2 Eßl. Öl

Pro Portion etwa 1700 Joule/405 Kalorien
Zubereitungszeit: 1 Stunde und 20 Minuten

Von den Kohlrabiknollen die Stiele abschneiden. Zarte Blätter waschen und aufbewahren. Die Kohlrabi schälen, vierteln und die Viertel hobeln. Die Kartoffeln unter fließendem Wasser gründlich bürsten und ebenfalls hobeln. Die Zwiebeln schälen, halbieren und die Zwiebelhälften in dünne Scheiben schneiden. Eine feuerfeste Form mit etwas Butter einfetten. Den Backofen auf 220° vorheizen. Die Kohlrabiblätter und den Liebstöckel sehr fein wiegen und mit den Kohlrabischeiben und der frisch gehackten Petersilie mischen. Die Zwiebeln in 1 Eßlöffel Butter goldgelb braten. ⅓ der Kartoffelscheiben in die Form füllen und mit etwas Thymian und Kräutersalz bestreuen. Die Hälfte der Zwiebelscheiben darauf verteilen und die Hälfte vom Kohlrabi daraufgeben. Die Kohlrabi mit Kräutersalz und etwas Muskat würzen. Die restlichen Kartoffeln, Zwiebeln und Kohlrabischeiben ebenso einschichten und würzen. Mit einer Lage Kartoffelhobel abschließen. Die saure Sahne mit den Eiern, dem Paprikapulver und dem Salz verquirlen und über die eingeschichteten Zutaten gießen. Die Vollkornbrösel mit dem geriebenen Käse mischen und den Auflauf damit bestreuen. Das Öl darüberträufeln und den Gratin auf der mittleren Schiebeleiste im Backofen etwa 40 Minuten bakken, bis die Eier-Sahne gestockt ist.

Kürbiskraut

1,25 kg Kürbis · 2 Zwiebeln · 1 Knoblauchzehe · 2 Eßl. Sonnenblumenöl · 2 Teel. gekörnte Gemüsebrühe · 2 Teel. mildes Paprikapulver · 2 Messerspitzen Cayennepfeffer · Saft von 1 Zitrone · 2 Eßl. gekochter Weizenschrot (Rezept Seite 91) · 2 Eßl. geschälte Kürbiskerne · 3 Eier · ⅛ l Sahne · 2 Messerspitzen Meersalz

Pro Portion etwa 1575 Joule/375 Kalorien
Zubereitungszeit: 1 Stunde und 15 Minuten

Den Kürbis schälen, die Kerne und das weiche Innere entfernen und das Kürbisfleisch grobraspeln. Die Zwiebeln und den Knoblauch schälen und würfeln und im Öl goldgelb braten. Die Kürbisraspel zufügen und 3 Minuten mitbraten. Die gekörnte Brühe, das Paprikapulver, den Cayennepfeffer, den Zitronensaft und den Weizenschrot unterrühren. Die Kürbiskerne in einer eisernen Pfanne ohne Fettzugabe leicht rösten und unter die Kürbismischung rühren. Den Backofen auf 220° vorheizen. Eine flache Auflaufform mit der Butter ausstreichen. Die Eier in Eigelbe und Eiweiße trennen. Die Eiweiße steif schlagen, die Eigelbe mit der Sahne und dem Salz verquirlen und unter die Auflaufmasse rühren. Den Eischnee unterziehen und das Kürbiskraut im Backofen auf der mittleren Schiebeleiste etwa 45 Minuten backen. Nach etwa 30 Minuten Backzeit die Auflaufoberfläche mit Alufolie abdecken, damit der Auflauf nicht zu dunkel wird.

Sauerkraut in Eier-Sahne

1 kg Sauerkraut · 1 Zwiebel · 5 Wacholderbeeren · 2 Eßl. Sonnenblumenöl · 350 g Kartoffeln · 3 Eßl. Apfeldicksaft · 2 Messerspitzen Pfeffer, frisch gemahlen · 50 g Butter · ½ l saure Sahne · 3 Eier · 1 Messerspitze Meersalz · 2 Teel. mildes Paprikapulver

Pro Portion etwa 1660 Joule/395 Kalorien
Zubereitungszeit: 1 Stunde und 10 Minuten

Das Sauerkraut nicht waschen, mit einer Gabel auflockern und etwas kleiner schneiden. Die Zwiebel schälen und würfeln. Das Kraut mit den Zwiebelwürfeln und den Wacholderbeeren bei schwacher Hitze 10 Minuten in dem Öl dünsten, dabei ab und zu umrühren. Inzwischen die Kartoffeln unter fließendem Wasser gründlich bürsten, die Keimansätze entfernen, die Kartoffeln mit der Schale grobraspeln. Den Backofen auf 220° vorheizen. Die Kartoffelraspeln mit dem Sauerkraut mischen, den Apfeldicksaft, den Pfeffer und die Butter bis auf etwa 2 Teelöffel für die Form unterrühren. Die saure Sahne mit den Eiern, dem Salz und dem Paprikapulver verquirlen und die Eiersahne mit der Sauerkraut-Kartoffelmischung gut verrühren. Eine große, flache, feuerfeste Form mit der restlichen Butter ausstreichen, die Auflaufmasse einfüllen und im Backofen auf der mittleren Schiebeleiste in etwa 40 Minuten knusprig braun backen.

Sellerie-Apfel-Auflauf

200 g Nackthafer (ganze Körner) · ½ l Wasser · 2 Teel. gekörnte Gemüsebrühe · 400 g Knollensellerie · 2 Eßl. Öl · ½–1 Tasse Wasser · Saft von ½ Zitrone · 250 g säuerliche Äpfel · 2 Eßl. grobgehackte Haselnüsse · 1 Tasse Sahne · je 1 Teel. getrockneter Oregano und getrockneter Thymian · 1 Teel. Selleriesalz · ½ Teel. Meersalz
Für die Form und zum Belegen: 1 Eßl. Butter

Pro Portion etwa 1995 Joule/475 Kalorien
Einweichzeit für den Hafer: 3–5 Stunden
Garzeit für den Hafer: 1 Stunde
Zeit zum Nachquellen: 2 Stunden
Zubereitungszeit: 1 Stunde

Die Haferkörner am Vortag 3–5 Stunden im Wasser einweichen und anschließend im Einweichwasser zugedeckt bei schwacher Hitze 1 Stunde kochen. Die gekörnte Gemüsebrühe zufügen und die Körner 2 Stunden bei ganz schwacher Hitze ausquellen lassen. Am nächsten Tag die Haferkörner durch den Fleischwolf drehen. Vom Sellerie die Stiele und Blätter abschneiden und für eine Gemüsebrühe aufbewahren. Die Knollen unter fließendem Wasser gründlich bürsten, schlechte Stellen abschneiden und den Sellerie in dünne Streifen schneiden. Die Selleriestreifen in einem Topf in dem Öl wenden, das Wasser und den Zitronensaft zufügen und den Sellerie zugedeckt bei schwacher Hitze 10 Minuten dünsten. Die Selleriestreifen zum Hafer geben. Den Backofen auf 180° vorheizen. Die Äpfel waschen und mit der Schale und dem Kerngehäuse grob auf den Hafer und den Sellerie raspeln. Die Haselnüsse, die Sahne, die Gewürze und das Salz unterrühren. Eine flache Auflaufform mit etwas Butter einfetten, die Masse einfüllen und die restliche Butter in Flöckchen darauf verteilen. Den Auflauf im Backofen auf der mittleren Schiebeleiste 20 Minuten überbacken

Das paßt dazu: Rapunzelsalat oder Endiviensalat

Tomaten mit Schafkäse auf Kichererbsen

100 g Kichererbsen · 1 große Zwiebel · 2 Knoblauchzehen · 3 Eßl. Olivenöl · 3 Eßl. Vollkornbrösel · 1 Eßl. Zitronensaft · ½ Teel. Meersalz · 2 Messerspitzen schwarzer Pfeffer, frisch gemahlen · 1 kg Tomaten · 200 g Schafkäse · 75 g schwarze Oliven · ½ Teel. Kräutersalz · je 1 Teel. getrocknetes Basilikum und getrockneter Oregano · 1 Eßl. Distelöl
Für die Form: Öl

Pro Portion etwa 2690 Joule/640 Kalorien
Zeit zum Einweichen für die Kichererbsen: 12 Stunden
Zubereitungszeit: 1 Stunde 15 Minuten

Die Kichererbsen unter fließendem Wasser gründlich waschen und von Wasser bedeckt 12 Stunden – am besten über Nacht – einweichen. Am nächsten Tag die Kichererbsen im Einweichwasser 30–40 Minuten lang zugedeckt bei schwacher Hitze kochen und anschließend abtropfen lassen. Die Zwiebel und die Knoblauchzehen schälen und feinhacken. Das Olivenöl in einer Pfanne erhitzen und die Zwiebel mit dem Knoblauch darin goldgelb braten. Die Kichererbsen und die Vollkornbrösel unterrühren und mit dem Zitronensaft, dem Salz und dem Pfeffer würzen. Während die Erbsen garen, die Tomaten waschen und mit dem Schafkäse in fingerdicke Scheiben schneiden, dabei von den Tomaten die Stielansätze entfernen. Die Oliven entkernen. Eine flache feuerfeste Form mit etwas Öl einfetten. Die Erbsenmischung in der Form verteilen. Die Tomaten- und Käsescheiben abwechselnd schuppenartig einschichten. Die Tomaten mit dem Kräutersalz bestreuen und das Basilikum und den Oregano zwischen den Fingern über dem Auflauf zerkrümeln. Das Distelöl darüberträufeln. Die Form auf der mittleren Schiebeleiste in den kalten Backofen schieben, auf 220° schalten und den Auflauf 25 Minuten backen. Erst jetzt die Oliven auf den Auflauf streuen und diesen weitere 5–10 Minuten goldbraun überkrusten lassen.

Mein Tip: Auf der Kichererbsenunterlage gebakken schmecken fast alle Fruchtgemüse gut. Probieren Sie das Rezept mit gebratenen Auberginenscheiben und trockenem Tofu (Sojaquark) oder mit Zucchini und Mozzarella aus.

Zucchinisoufflé

1 kg Zucchini · 1 große Zwiebel · 2 Eßl. Olivenöl · je ½ Teel. getrockneter Salbei, getrocknete Rosmarinnadeln und Basilikum · 1 Messerspitze schwarzer Pfeffer, frisch gemahlen · 1 Eßl. Zitronensaft · 2 Teel. gekörnte Gemüsebrühe · 200 g Mozzarellakäse · 2 Eßl. Weizenvollkornmehl · 3 Eier

Pro Portion etwa 1050 Joule/250 Kalorien
Zubereitungszeit: 55 Minuten

Die Zucchini waschen und kleinschneiden. Die Zwiebel schälen und hacken und mit den Zucchini im Öl (1 Teelöffel davon zurückbehalten) anbraten. Das Gemüse mit dem Salbei, dem Rosmarin, dem Basilikum und dem Pfeffer würzen und in etwa 20 Minuten zugedeckt bei schwacher Hitze weich schmoren. Die Zucchini im Mixer pürieren oder durch ein Sieb streichen und den Zitronensaft und die gekörnte Gemüsebrühe unterrühren. Das Püree abkühlen lassen. Den Backofen auf 200° vorheizen. Den Käse mit einer Gabel zerdrücken und mit dem Mehl unter das Zucchinipüree rühren. Die Eier in Eigelbe und Eiweiße trennen. Die Eigelbe unter das Zucchinipüree rühren, die Eiweiße steif schlagen und behutsam unterziehen. Eine hohe feuerfeste Form mit dem restlichen Öl ausstreichen. Die Soufflémasse einfüllen und im Backofen auf der mittleren Schiebeleiste in etwa 30 Minuten goldbraun backen.

Spinatsoufflé

1,25 kg Spinat · 1 Bund Frühlingszwiebeln · 1 Knoblauchzehe · 1 Eßl. Distelöl · 3 Eßl. frisch gehackter Dill · 1 Eßl. Zitronensaft · 1 Eßl. Pilzpulver · ⅛ l Milch · 60 g Butter · 3 Eßl. Weizenvollkornmehl · 2 Eßl. Buchweizenmehl · 1 Messerspitze geriebene Muskatnuß · 1 Teel. Meersalz · 5 Eier · 60 g Parmesan, frisch gerieben

Pro Portion etwa 1510 Joule/360 Kalorien
Zubereitungszeit: 1 Stunde und 30 Minuten

Den Spinat verlesen und grobe Stiele entfernen. Den Spinat mehrmals gründlich in handwarmem Wasser waschen, etwas abtropfen lassen und bei mittlerer Hitze im geschlossenen Topf etwa 3 Minuten dünsten, bis er zusammengefallen ist. Den Spinat in einem Sieb abtropfen lassen und noch etwas ausdrücken, im Mixer pürieren oder feinhacken. Die Frühlingszwiebeln waschen und mit dem Grün kleinschneiden. Die Knoblauchzehe schälen und sehr fein hacken. Das Öl in einem Topf erhitzen und die Zwiebeln mit dem Knoblauch darin glasig braten. Den Spinat, den Dill, den Zitronensaft und das Pilzpulver unterrühren und den Topf vom Herd nehmen. Die Milch erhitzen. 50 g Butter in einem Topf zerlassen, das Mehl mit dem Buchweizenmehl darüberstäuben und rühren, bis eine glatte, goldgelbe Masse entstanden ist. Unter Rühren mit dem Schneebesen die Milch zufügen. Die dicke Sauce aufkochen und 3 Minuten quellen lassen; mit dem Muskat und dem Salz würzen. Die Sauce etwas abkühlen lassen. Die Eier in Eigelbe und Eiweiße trennen. Den Topf vom Herd nehmen und die Eigelbe nacheinander unter die Sauce rühren. Das Spinatgemisch und dann den geriebenen Käse unterrühren. Den Backofen auf 180° vorheizen. Die Eiweiße steif schlagen. Eine hohe, feuerfeste Form mit der restlichen Butter ausstreichen. Den Eischnee unter die Spinatmischung ziehen, die Soufflémasse in die Form füllen und das Soufflé auf der mittleren Schiebeleiste im Backofen 40–50 Minuten backen.

Das paßt dazu: In Olivenöl gebratene Vollkorntoastscheiben

Variante: Sauerampfersoufflé
Statt 1 kg Spinat 500 g Sauerampferblätter und 500 g Spinat verwenden. Den Zitronensaft weglassen und mit 1 Prise Cayennepfeffer würzen. Zusätzlich zum Dill 1 Eßlöffel frisch gehackte Zitronenmelisse verwenden.

Türkischer Reis

Für den Reis:
300 g Naturreis · gut ½ l Wasser · 1 Eßl. Butter · je 1 Teel. getrockneter Estragon und mildes Paprikapulver · 1 Teel. Meersalz
Für die Sauce:
⅛ l Milch · ⅛ l Wasser · 2 Eßl. Butter · ½ Teel. geriebene Ingwerwurzel · 1 Teel. Senfpulver · 1 Eßl. frischer, gehackter Dill · 2 Eßl. Weizenvollkornmehl · 2 Teel. gekörnte Gemüsebrühe · 60 g frisch geriebener alter Goudakäse · 1 Eigelb
Für die Tomaten:
1 kg Tomaten · 1 Teel. Kräutersalz · je 2 Eßl. frisches, gehacktes Basilikum und frische, gehackte Pfefferminze
Für die Form: 1 Teel. Öl

Pro Portion etwa 2270 Joule/540 Kalorien
Einweichzeit für den Reis: 12 Stunden
Zubereitungszeit: 1 Stunde und 30 Minuten

Den Reis unter fließendem Wasser gründlich waschen, mit der doppelten Menge Wasser in einem Topf kurz aufkochen und 12 Stunden – am besten über Nacht – weichen lassen. Am nächsten Tag die Butter zerlassen, mit dem Estragon und dem Paprikapulver würzen. Den Reis mit dem Einweichwasser und das Salz zufügen und zugedeckt bei schwacher Hitze 15–20 Minuten kochen lassen, bis die Flüssigkeit aufgesogen ist. Inzwischen für die Sauce die Milch mit dem Wasser erhitzen. Die Butter zerlassen und den Ingwer, das Senfpulver und den Dill zufügen. Das Mehl darüberstäuben und zu einer glatten Masse rühren. Unter Rühren mit dem Schneebesen das Wasser-Milch-Gemisch zugießen. Die Sauce 5 Minuten bei schwacher Hitze kochen lassen, mit der gekörnten Gemüsebrühe würzen und den Käse unterrühren. Die Sauce etwas abkühlen lassen und das Eigelb unterziehen. Den Backofen auf 200° vorheizen. Die Tomaten häuten und in 1 cm dicke Scheiben schneiden. Eine feuerfeste Form mit dem Öl ausstreichen, ⅓ vom Reis einfüllen, die Hälfte der Tomatenscheiben darauflegen und diese mit ½ Teelöffel Kräutersalz und je 1 Eßlöffel gehacktem Basilikum und frischer Minze bestreuen. Den restlichen Reis und die Tomatenscheiben genauso einschichten und würzen. Die oberste Schicht ist Reis. Die Käsesauce daraufstreichen, und den Auflauf 45–50 Minuten auf der mittleren Schiebeleiste im Backofen backen. Wenn die Oberfläche zu stark bräunt, den Auflauf mit Alufolie abdecken.

Pudding, Pie und Pizza

Gemüsepudding benötigt verglichen mit anderen Zubereitungsarten eine verhältnismäßig lange Garzeit. Dabei verliert das Gemüse vor allem Vitamin C. In der Vollwertgemüseküche sollte diese Art der Zubereitung deshalb nicht an erster Stelle stehen. Die hier verratenen Gemüsepuddingrezepte sollten besonders festlichen Gelegenheiten vorbehalten sein.

Wirsingpudding

Bild Seite 69

2 l Wasser · 2 Teel. Salz · 1 kg Wirsingkohl · 100 g Hafergrütze · 2 Eier · 125 g Magerquark · je 1 Eßl. frisch gehacktes Bohnenkraut, Thymian und Kerbel · 2 große Möhren (200 g) · 2 Eßl. Hefeextrakt · 2 Teel. Kräutersalz · ½ Teel. schwarzer Pfeffer, frisch gemahlen
Für die Form: 1 Eßl. Butter

Pro Portion etwa 1775 Joule/280 Kalorien
Zubereitungszeit: 2 Stunden und 30 Minuten

Das Wasser mit dem Salz zum Kochen bringen. Vom Wirsing schlechte Blätter entfernen, den Strunk kürzen und den Wirsing im Salzwasser kochen, bis sich die äußeren großen Blätter vom Kohl lösen, aus dem Salzwasser heben und abtropfen lassen. Von den großen Blättern die dikken Rippen flachschneiden und beiseite legen. Während der Wirsing kocht, die Hafergrütze im Topf ohne Fettzugabe unter Rühren rösten, bis sie sich goldgelb färbt und zu duften beginnt. Den Hafer mit der doppelten Menge Wasser übergießen, aufkochen lassen und zugedeckt bei schwacher Hitze 10 Minuten quellen und dann abkühlen lassen. Den abgetropften Wirsingkohl mitsamt dem Strunk kleinhacken. Die Eier unter die Hafergrütze rühren, den Quark, die frischen Kräuter und den gehackten Kohl zufügen. Die Möhren unter fließendem Wasser gründlich waschen und grob dazu reiben. Den Hefeextrakt, das Kräutersalz und den Pfeffer zufügen und alles zu einer geschmeidigen Masse verrühren. Eine Puddingform und ihren Deckel mit der Butter ausstreichen und mit den beiseite gelegten großen Kohlblättern auskleiden. Die Hafergrützenmischung einfüllen und die überstehenden Kohlblätter darüber zusammenschlagen. Die Form schließen, den Wirsingpudding 1 Stunde und 30 Minuten im Wasserbad garen und anschließend auf eine vorgewärmte Platte stürzen.

Das paßt dazu: gebratene neue Kartoffeln (Rezept Seite 95) und Tomatensauce

Wildkräuterpudding

60 g grobe Gerstengrütze · 100 g Brennnesselspitzen · 100 g Sauerampfer · 50 g Brunnenkresse · 1 Bund Frühlingszwiebeln · 3 Eßl. frische, gehackte Petersilie · 5 Eßl. frische, gemischte, gehackte Küchenkräuter wie Bohnenkraut, Dill, Estragon, Kerbel, Pimpinelle · 2 Eier · 2 Teel. Kräutersalz · ½ Teel. schwarzer Pfeffer, frisch gemahlen · 2 Teel. Butter

Pro Portion etwa 545 Joule/130 Kalorien
Einweichzeit für die Gerste: 12 Stunden
Zubereitungszeit: 1 Stunde und 45 Minuten

Die Grütze von Wasser bedeckt über Nacht weichen lassen. Die Wildkräuter verlesen, waschen, gut abtropfen lassen und portionsweise hacken. Die Frühlingszwiebeln waschen, abtropfen lassen und mit dem Grün feinschneiden. Die Gerstengrütze in einem Sieb abtropfen lassen und mit den Wild- und Gartenkräutern mischen. Die Eier unterrühren und die Kräuter-Gersten-

Mischung mit dem Salz und dem Pfeffer würzen. In einem großen Topf Salzwasser zum Kochen bringen. Ein Sieb mit einer großen Stoffserviette auslegen. Die Puddingmasse einfüllen und die Serviettenenden straff darüber zusammenknoten. Den Kräuterpudding 1 Stunde im kochenden Salzwasser hängend garen. 10 Minuten vor Beendigung der Garzeit den Backofen auf 200° vorheizen und eine feuerfeste Form mit der Butter ausstreichen. Den Pudding aus der Serviette in die Form füllen und in etwa 20 Minuten im Backofen überbacken.

Kartoffelpudding

800 g Kartoffeln · 2 Teel. Meersalz · 3 Eier · 60 g frisch geriebener Emmentaler Käse · 1 Messerspitze gemahlene Muskatblüte (Macis) · 75 g Butter · 2 Eßl. frische, gehackte Kräuter wie Kerbel, Petersilie, Pimpinelle · 1 Tasse Vollkornbrösel

Pro Portion etwa 1995 Joule/475 Kalorien
Zubereitungszeit: 1 Stunde und 30 Minuten

Die Kartoffeln schälen, in Stücke schneiden, von Wasser bedeckt mit dem Salz in etwa 15 Minuten weich kochen. Das Wasser abgießen und die Kartoffeln durch die Kartoffelpresse drücken oder durch ein Sieb streichen. Den Backofen auf 200° vorheizen. Die Eier in Eigelbe und Eiweiße trennen. Die Eigelbe mit dem geriebenen Käse, der Muskatblüte, 2 Eßlöffeln Butter und den Kräutern unter den Kartoffelschnee rühren. Die Eiweiße steif schlagen und unter die Kartoffelmasse heben. Eine Puddingform und ihren Dekkel mit 1 Eßlöffel Butter ausstreichen und mit 2 Eßlöffeln Vollkornbröseln ausstreuen. Die Puddingmasse einfüllen, die Form schließen und im kochenden Wasserbad in 50 Minuten garen. Die restliche Butter schmelzen, die übrigen Vollkornbrösel darin anbraten. Den Pudding aus der Form auf eine vorgewärmte Platte stürzen und mit den gebräunten Vollkornbröseln gleichmäßig bestreichen.

Paßt gut zu: allen gedünsteten und überbackenen Gemüsegerichten

Pie mit vielerlei Gemüse

Eine Pie ist eine angelsächsische Erfindung. Unter einer mürben Teigdecke verbirgt sich eine meist schwer definierbare aber sehr wohlschmeckende saftige Mischung aus Fleisch, Gemüse oder Obst. Gemüse-Pies kann man aus allen Gemüsesorten bereiten, beispielsweise auch aus Kohl, der bei der Zubereitung von Krautwikkeln übriggeblieben ist. Die folgende Gemüsemischung kann ganz nach Belieben verändert werden. Sie sollte jedoch stets etwa 750 g geputztes Gemüse ergeben.

Für die Gemüsefüllung:
200 g Wirsingkohl · 150 g junger Spinat · 200 g Knollensellerie · 200 g grüne Bohnen · 200 g ausgehülste Erbsen · 1 Zwiebel · 2 Eßl. Butter · 1 Eßl. gekörnte Gemüsebrühe · 1 Messerspitze geriebene Muskatnuß · ⅛ l Wasser · 3 Eßl. Sahne · je 2 Bund Petersilie und Kerbel
Für den Teig:
200 g Vollkornweizenmehl · 100 g Butter · 1 Teel. Meersalz · 5–6 Eßl. Wasser · 1 Eigelb

Pro Portion etwa 1850 Joule/440 Kalorien
Zubereitungszeit: 1 Stunde und 30 Minuten

Den Wirsing waschen, schlechte und welke Blätter entfernen, das Stielende kürzen. Den Wirsing

vierteln und die Viertel in dünne Streifen schneiden. Den Spinat verlesen, mehrmals gründlich in handwarmem Wasser waschen und abtropfen lassen. Den Sellerie unter fließendem Wasser bürsten, wenn nötig schälen und in kleine Würfel schneiden. Die Bohnen waschen, von den Stielenden und Blütenansätzen befreien und in kleine Stücke brechen. Die Erbsen in einem Sieb überbrausen und abtropfen lassen. Die Zwiebel schälen und würfeln. Die Butter in einem großen Topf zerlassen. Die Zwiebelwürfel darin glasig braten. Die Kohlstreifen und den Sellerie zufügen, umrühren und 3 Minuten mitbraten. Die Bohnen zugeben und wiederum 3 Minuten braten. Die Erbsen und zuletzt den Spinat zufügen. Mit der gekörnten Brühe und dem Muskat würzen und das Wasser zugießen. Das Gemüse zugedeckt bei schwacher Hitze 5 Minuten dünsten. Die Sahne zugießen und die Flüssigkeit bei starker Hitze im offenen Topf 3 Minuten etwas einkochen lassen. Die Petersilie und den Kerbel waschen, trockenschleudern, hacken und unter das Gemüse mischen.
Für den Teig das Mehl in eine Schüssel sieben. Die Butter in Flöckchen darauf verteilen und das Mehl mit der Butter zwischen den Fingern leicht verreiben. Das Salz im Wasser auflösen, über das Mehl-Butter-Gemisch gießen und alles zu einem glatten Teig kneten. Den Backofen auf 180° vorheizen. Den Teig etwa 3 mm dick ausrollen und eine Teigplatte mit dem oberen Durchmesser der Auflaufform ausschneiden. Aus den Teigresten eine dünne Rolle formen und diese um den Rand der Form legen und festdrücken. Das Gemüse in die Form füllen, die Teigplatte als Deckel darauflegen und den Rand gut andrücken. Die Teigplatte mit etwas verquirltem Eigelb bepinseln und ein Loch von etwa 3 cm Durchmesser in die Mitte schneiden. Die Pie im Backofen auf der mittleren Schiebeleiste 30 Minuten backen.

Kräuterquiche

Eine Quiche, sozusagen die umgedrehte Form der Pie, wird ebenfalls aus Mürbteig gebacken. Besonders würzig schmeckt der Teig, wenn man dazu neben Weizenmehl auch Hafermehl oder Grünkern verwendet. Mit einem Buchweizenmehl-Anteil gebacken ist der Teigboden lockerer. Belegen kann man die Quiche mit jeder Gemüsesorte, mit Pilzen, mit Käse- oder Quarkcreme oder einer gut gewürzten Sojafarce. Quiches schmecken am besten warm, nicht heiß! Je nach Belag paßt ein grüner Blattsalat, Tomatensalat oder auch ein Krautsalat gut dazu.

Für den Teig:
100 g Butter · 150 g Weizenvollkornmehl · 100 g Hafermehl · je ½ Teel. gemahlener Koriander, Kümmel und Piment · 1 Teel. Meersalz · 6 Eßl. Wasser
Für den Belag:
50 g Kerbel · 100 g Spinat · 50 g Sauerampfer · 50 g Brunnenkresse · 50 g Petersilie · 50 g frische gemischte Gartenkräuter (Dill, Estragon, Liebstöckel, Majoran, Salbei, Thymian, Ysop) · 2 Teel. gekörnte Gemüsebrühe · 2 Eier · ⅛ l Sahne · ½ Teel. Meersalz · 2 Messerspitzen geriebene Muskatnuß · 1 Messerspitze Cayennepfeffer · 60 g Bergkäse oder Greyerzer, frisch gerieben

Pro Portion etwa 2960 Joule/705 Kalorien
Ruhezeit für den Teig: 30 Minuten
Zubereitungszeit: 1 Stunde und 30 Minuten

Für den Teig die Butter schmelzen, aber nicht bräunen lassen. Das Weizenmehl mit dem Hafermehl, dem Koriander, dem Kümmel und dem Piment in einer Schüssel mischen. Das Salz im kalten Wasser auflösen. Die geschmolzene Butter über das Mehl träufeln und die Zutaten zwischen den Fingern reiben. Das Salzwasser zugießen

und alles rasch zu einem glatten Teig verkneten. Den Teig zur Kugel formen, in Alufolie einwickeln und 30 Minuten kühl stellen.
Für den Belag den Kerbel, den Spinat und den Sauerampfer verlesen, mehrmals gründlich waschen, etwas abtropfen lassen und im geschlossenen Topf ohne Wasserzugabe etwa 3 Minuten dünsten, bis die Blätter zusammengefallen sind. Die gewaschenen Kräuter feinhacken. Das Gemüse in einem Sieb abtropfen lassen, gut ausdrücken, hacken und in einer Schüssel mit den gehackten frischen Kräutern und der gekörnten Brühe mischen. Die Eier mit der Sahne, dem Salz, dem Muskat und dem Cayennepfeffer verquirlen. Den geriebenen Käse unterrühren. Den Teig für eine Springform von 28–30 cm Durchmesser ausrollen. Die Form damit auslegen und einen 2 cm hohen Teigrand formen. Den Teigboden mit der Gabel mehrmals einstechen und den Boden 20 Minuten bei 220° im Backofen vorbacken. Die Kräutermischung auf den vorgebackenen Boden verteilen und mit der Eiersahne übergießen. Auf 200° schalten und die Quiche auf der mittleren Schiebeleiste in 25–30 Minuten fertigbacken.

Variante: Tomatenquiche mit Quarkcreme
Bild Seite 88
Einen Teigboden wie im Rezept beschrieben zubereiten und vorbacken. 750 g Tomaten enthäuten, hacken und mit 1 gehackten Zwiebel und 2 gehackten Knoblauchzehen in 1 Eßlöffel Butter weich dünsten und durch ein Sieb streichen. 500 g Magerquark mit 1 Tasse saurer Sahne, 2 Eiern oder 3 Eßlöffeln Sojamehl, 2 Teelöffel Meersalz, 2 Teelöffel mildem Paprikapulver, 1 Messerspitze schwarzem Pfeffer, 3 Eßlöffeln frischem, gehacktem Basilikum und dem Tomatenpüree verrühren. Die Masse auf den vorgebackenen Teigboden füllen und 40–50 Minuten bei 200° im Backofen backen.

Das paßt dazu: Kopfsalat mit Radieschen

Variante: Pilzquiche
Einen Quicheboden wie im Rezept beschrieben zubereiten und vorbacken. 500 g geputzte Mischpilze hacken und mit 1 Bund kleingeschnittenen Frühlingszwiebeln in 1 Eßlöffel Butter 5 Minuten dünsten. Die Pilze mit Meersalz und weißem Pfeffer kräftig würzen und 3 Eßlöffel gehackte Petersilie daruntermischen. Die Pilzmischung auf dem Teigboden verteilen. 2 Eier mit ½ l saurer Sahne, 50 g frisch geriebenem Parmesankäse, ½ Teel. Kräutersalz und 1 Prise Cayennepfeffer verquirlen und über die Pilze gießen. Die Quiche in 30–40 Minuten bei 200° im Backofen fertigbacken.

Das paßt dazu: Tomatensalat oder Wildkräutersalat

Variante: Quiche mit Sojahack
250 g Sojamark knapp von Wasser bedeckt mit 2 Teelöffeln gekörnter Gemüsebrühe, 1 Eßlöffel Pilzpulver, 1 Teelöffel getrocknetem Thymian, 1 Teelöffel getrocknetem Liebstöckel 12 Stunden, am besten über Nacht, einweichen.
Am nächsten Tag einen Quicheboden wie im Rezept beschrieben zubereiten und vorbacken. Das Sojamark mit 1 gehackten Zwiebel in 2 Eßlöffeln Butter anbraten; dabei fein zerstoßen. 50 g gehackte, schwach geröstete Erdnüsse, 1 Tasse Vollkornbrösel, 1 Eßlöffel indisches Currypulver, 1 Teelöffel Meersalz und 2 Messerspitzen frisch gemahlenen schwarzen Pfeffer zufügen. 2 Eier mit ⅛ l Buttermilch verquirlen und unter die Sojamischung rühren. Den vorgebackenen Teigboden damit füllen und die Quiche im Backofen bei 200° in 40–50 Minuten fertigbacken.

Große Krautpirogge

Für den Teig:
350 g Weizenvollkornmehl · 150 g mehlfeingemahlene Gerste · je 1 Teel. gemahlener Kümmel und Koriander · 40 g Hefe · 1 Teel. Meersalz · 300 g saure Milch (Dickmilch) oder Buttermilch · 3 Eßl. Olivenöl
Für die Füllung:
1 kg Wirsingkohl · 2 Möhren · ¼ Sellerieknolle · 1 große Zwiebel · 4 Eßl. Olivenöl · je 1 Teel. gemahlener Koriander, Kümmel, getrocknetes Liebstöckel · 2 Messerspitzen schwarzer Pfeffer, frisch gemahlen · 1 Teel. Kräutersalz · 2 Eßl. Hefeextrakt · 3 Eßl. frisch gehackte Petersilie · 2 Tassen gegarter Naturreis (Rezept Seite 94) · 3 Eier · ⅛ l saure Sahne
Für das Backblech:
2 Teelöffel Butter · 1 Eßl. Vollkornweizenmehl

Bei 4 Portionen pro Portion etwa 3610 Joule/ 860 Kalorien
Bei 6 Portionen pro Portion etwa 2455 Joule/ 575 Kalorien
Zubereitungszeit einschließlich der Zeit zum Gehenlassen für den Teig: etwa 1 Stunde
Zubereitungszeit für die Füllung: 40 Minuten
Backzeit: 50–60 Minuten

Für den Teig das Mehl mit dem Kümmel und dem Koriander in einer Schüssel mischen und in die Mitte eine Vertiefung drücken. Die Hefe zerbrökkeln und mit dem Salz in der sauren Milch oder der Buttermilch auflösen und in die Mulde im Mehl gießen. Von der Mitte her alle Zutaten leicht verrühren, das Öl zugeben und den Teig so lange kneten, bis er sich vom Schüsselboden löst. Den Hefeteig zugedeckt etwa 45 Minuten an einem warmen Ort gehen lassen, bis er sein Volumen verdoppelt hat.
Inzwischen für die Füllung den Wirsing waschen, den Stiel abschneiden, den Kohl vierteln, und die Viertel mit den Strunkteilen in dünne Streifen schneiden. Die Möhren und den Sellerie unter fließendem Wasser gründlich bürsten und sehr klein würfeln. Die Zwiebel schälen und ebenfalls in Würfel schneiden. Das Öl in einem großen Topf erhitzen und das Gemüse mit den Zwiebelwürfeln darin anbraten. Die Gemüse, die Gewürze und das Kräutersalz zufügen und alles zugedeckt bei schwacher Hitze 10 Minuten dünsten. Den Topf vom Herd nehmen. Den Hefeextrakt, die Petersilie und den Reis unterrühren. Die Eier bis auf ½ Eigelb mit der sauren Sahne verquirlen und mit dem Gemüse mischen.
Den Hefeteig nochmals durchkneten und zu einem etwa ½ cm dicken Rechteck ausrollen. Die Kohlfüllung möglichst gleichmäßig auf eine Längsseite der Teigplatte verteilen, dabei einen 1 cm breiten Rand freilassen. Die andere Teighälfte über die Füllung schlagen und die Teigränder fest zusammendrücken. Das Backblech mit der Butter einfetten und mit dem Mehl bestreuen. Die Pirogge daraufheben und zugedeckt noch 20 Minuten gehen lassen. Die Oberfläche mit dem restlichen, verquirlten Eigelb bestreichen und die Krautpirogge auf der zweiten Schiebeleiste von unten in den kalten Backofen schieben. Den Ofen auf 200° schalten und die Pirogge in 50–60 Minuten goldbraun backen.

Chicorée-Pastetchen

Bild Seite 87

Für den Teig:
250 g Weizenvollkornmehl · 200 g kalte Butter · 250 g trockener Magerquark · 1 Teel. Meersalz
Für die Füllung:
750 g Chicorée · 2 Eßl. Distelöl · 1 Teel. Kräutersalz · ⅛ l Wasser
Für das Backblech: 2 Teel. Butter

Zartbitterer Chicorée – eine ideale Füllung für den Pastetenteig mit Quark. Rezept Seite 85. ▷

Pro Portion etwa 2835 Joule/675 Kalorien
Zubereitungszeit für den Teig: 15 Minuten
Ruhezeit für den Teig: 2 Stunden
Zubereitungszeit einschließlich der Backzeit für die Pastetchen: 1 Stunde und 10 Minuten

Das Mehl in eine Schüssel geben, die kalte Butter in Flöckchen darauf verteilen. Mehl und Butter mit den Händen locker mischen und zwischen den Handflächen reiben. Den Quark daraufkrümeln und das Salz darüberstreuen. Alle Zutaten rasch und gründlich zu einem glatten Teig verkneten. Den Teig zur Kugel formen und in Alufolie gewickelt 2 Stunden kühl stellen. Inzwischen den Chicorée vorbereiten. Den Chicorée waschen, den Wurzelansatz entfernen und die Stauden längs, größere noch einmal quer halbieren. Das Öl in einem flachen Topf mit großem Durchmesser erhitzen. Die Chicoréestücke nebeneinander ins Öl legen, mit dem Kräutersalz bestreuen und das Wasser seitlich zugießen. Das Wasser zum Kochen bringen und den Chicorée zugedeckt bei schwacher Hitze 8 Minuten dünsten und anschließend sehr gut abtropfen lassen. Die Garflüssigkeit für ein anderes Gericht verwenden.
Den Teig dünn ausrollen und in 15 cm große Quadrate schneiden. Die Chicoréestücke auf die Teigstücke verteilen und diese bei einer Ecke beginnend aufrollen. Die Ränder gut andrücken. Das Backblech mit der Butter einfetten. Die Pastetchen darauflegen, auf der zweiten Schiebeleiste von oben in den kalten Backofen schieben, den Ofen auf 250° schalten und die Pastetchen 45 Minuten backen. Warm servieren!

Mein Tip: Die Pastetchen können auch mit Fenchelknollen, mit Mangold oder mit Chinakohl gefüllt werden. Fenchelknollen dafür vierteln, Mangold dünsten und grobhacken und Chinakohl in nicht zu kleine Stücke schneiden und ebenfalls kurz dünsten.

Pizza mit Tomaten

Für den Teig:
400 g Weizenvollkornmehl · 1 Teel. Meersalz · 40 g Hefe · ½ Teel. Honig · ⅛ l lauwarmes Wasser · 3 Eßl. Öl
Für den Belag:
1 Zwiebel · 1 Knoblauchzehe · 1 kg Tomaten · 3 Eßl. Olivenöl · 3 Eßl. Butter · 2 Teel. Kräutersalz · 2 Messerspitzen schwarzer Pfeffer, frisch gemahlen · 2 Teel. Apfeldicksaft · je 1 Eßl. frisch gehacktes Basilikum, gehackter Estragon, Oregano, Zitronenmelisse, Thymian und Petersilie oder je ½ Teel. getrocknete Kräuter in gleicher Zusammenstellung und 2 Eßlöffel gehackte Petersilie · 150 g Mozzarella

Pro Portion etwa 2960 Joule/705 Kalorien
Zubereitungszeit: 1 Stunde
Backzeit: 25–30 Minuten

Für den Teig das Mehl mit dem Salz mischen und in eine Schüssel schütten; in die Mitte eine Vertiefung drücken. Die Hefe mit dem Honig in etwas Wasser auflösen und 10 Minuten gehen lassen. Die Hefe in die Mulde im Mehl gießen. Das übrige lauwarme Wasser und das Öl (2 Teelöffel für das Backblech zurückbehalten) zugießen. Die Teigzutaten von der Mitte aus verrühren und schlagen, bis der Teig Blasen wirft. Den Teig anschließend noch 5 Minuten kräftig durchkneten und zugedeckt an einem warmen Platz 30–40 Minuten gehen lassen. Inzwischen für den Belag die Zwiebel und die Knoblauchzehe schälen und kleinschneiden. Die Tomaten häuten und grobhacken, dabei die Stiele entfernen. Das Öl mit der Butter in einem Topf erhitzen und die Zwiebel darin glasig braten. Den Knoblauch und die Tomaten zufügen, mit dem Kräutersalz, dem Pfeffer und dem Apfeldicksaft würzen und alles zugedeckt bei schwacher Hitze 15 Minuten leise köcheln lassen, bis die Tomaten fast zerfallen sind.

◁ Leicht zuzubereiten und bei Gästen stets willkommen ist eine Gemüsequiche – hier mit einer Tomaten-Quarkcreme gefüllt und mit frischem Basilikum gewürzt. Rezept Seite 84.

Die Kräuter unterrühren. Den Backofen auf 220° vorheizen. Das Backblech mit dem restlichen Öl einfetten. Den Hefeteig noch einmal gut durchkneten und auf einem bemehlten Backbrett in der Größe des Bleches ausrollen. Den Teig auf das Blech legen, rundherum am Blechrand festdrücken und den Tomatenbelag daraufstreichen. Den Mozzarella in Scheibchen schneiden und den Teig damit belegen. Die Pizza in 12–15 Minuten auf der zweiten Schiebeleiste von oben im Backofen backen.

Variante: Pizza mit Rosenkohl
Wie im Rezept beschrieben einen Hefeteig zubereiten und gehen lassen. 750 g Rosenkohl waschen, putzen, 5 Minuten im kochenden Salzwasser blanchieren, kalt abschrecken und sehr gut abtropfen lassen. 200 g Chicorée waschen, den Wurzelansatz entfernen und in einzelne Blätter zerlegen. Die Chicoréeblätter in 1 Eßlöffel Sonnenblumenöl anbraten und etwas salzen. Das Gemüse auf dem Pizzaboden verteilen. 3 Eier mit ⅛ l saurer Sahne, 1 Teelöffel Kräutersalz und je 1 Messerspitze Pfeffer und geriebener Muskatnuß verquirlen und über das Gemüse gießen. 200 g Mozzarella in Scheibchen schneiden und die Pizza damit belegen. Wie im Rezept beschrieben backen.

Variante: Pizza mit Auberginen und Tomaten
Einen Hefeteig wie im Rezept beschrieben zubereiten und gehen lassen. Je 750 g Auberginen und Tomaten waschen und in dünne Scheiben schneiden. Abwechselnd in Reihen den vorbereiteten Pizzaboden damit dicht belegen, mit Kräutersalz und Pfeffer würzen, mit getrocknetem Lavendel, getrocknetem Oregano, Rosmarin und Thymian bestreuen und 150 g frisch geriebenen Pecorinokäse darauf verteilen. Den Belag mit 3 Eßlöffeln Olivenöl beträufeln und die Pizza wie im Rezept beschrieben backen.

Kastanienkuchen

750 g Eßkastanien (Maronen) · 2 Zwiebeln · 150 g Haferflocken · 2 Eier · je 1 Teel. getrockneter Majoran und Thymian · 2 Eßl. frisch gehackte Petersilie · 1 Teel. Rosenpaprika · 2–3 Teel. Meersalz · 2 Eßl. Sonnenblumenöl

Pro Portion etwa 2140 Joule/510 Kalorien
Zubereitungszeit: 45 Minuten
Backzeit: 40 Minuten

Die Kastanien auf der rundgewölbten Seite kreuzweise einschneiden und 25 Minuten von Wasser bedeckt kochen lassen. Die Zwiebeln schälen und kleinhacken. Die Kastanien abgießen und möglichst heiß schälen, dabei auch die dünne braune Haut entfernen. Den Backofen auf 180° vorheizen. Die geschälten Kastanien durch den Fleischwolf drehen und mit den Zwiebeln, den Haferflocken, den Eiern, den Kräutern, dem Paprikapulver und dem Salz mischen. Es soll dabei eine feste, aber nicht krümelige Masse entstehen. Wenn nötig noch einige Eßlöffel Gemüsebrühe aus gekörnter Brühe oder Milch zufügen. Eine Kastenform großzügig mit Öl einfetten, die Kastanienmasse einfüllen, die Oberfläche mit Öl bepinseln und den Kastanienkuchen im Backofen auf der mittleren Schiebeleiste 40 Minuten backen. Zwischendurch immer wieder mit Öl bestreichen. Die Ränder mit einem scharfen Messer lockern und den *Kastanienkuchen* auf eine Platte stürzen.

Das paßt dazu: Apfel-Rotkohl (Rezept Seite 61) oder Chinakohl mit Äpfeln und Zwiebeln (Rezept Seite 58).

Getreidebeilagen

In den Eingangskapiteln wurde schon auf die wichtige Rolle, die Getreide bei einer vegetarischen Ernährung spielt, hingewiesen. Manch ein Leser kann sich vielleicht gar nicht vorstellen, wie gekochtes Vollgetreide schmeckt und erst recht nicht, wie man Getreide zubereitet. Dabei ist nichts leichter als das. Man muß nur berücksichtigen, daß das Vollkorn aufgeschlossen werden muß, damit wir es leichter verdauen können. Das geschieht hauptsächlich beim Kauen. Vollkorngebäck und alle Vollkorngerichte müssen sehr gründlich gekaut werden. Wenn wir das beherzigen, tun wir auch gleichzeitig viel für die Gesundheit unserer Zähne. Ganze Körner müssen 6–10 Stunden eingeweicht werden, damit sie beim Garen auch richtig weich werden. Man setzt ungemahlene Getreidekörner im Einweichwasser kalt auf und salzt sie erst kurz vor Beendigung der Garzeit. Getreide muß bei niedrigen Temperaturen garen, damit es sich aufschließt. Es nimmt dabei immer mehr Wasser auf. Getreide benötigt zum Quellen je nach eigener Qualität und Qualität des Wassers die 2- bis 4fache Menge Wasser.
Auch das Darren – das ist Dörren bei Temperaturen zwischen 60 und 80° – macht das Getreide leichter verdaulich. Das Darren kann nach dem Einweichen geschehen. Die eingeweichten Körner vorher sehr gut abtropfen lassen, das Einweichwasser auffangen und anderweitig verwenden. Das Getreide dann auf einem Backblech ausbreiten und bei schwächster Hitze in 30–60 Minuten im Backofen trocknen lassen und darren, bis sich die Körner gelb färben und duften. Für Buchweizen, Hafer und Hirse empfiehlt sich das Darren besonders, weil sie beim Kochen sonst etwas klebrig werden.
Getreidekörner brauchen eine Garzeit von etwa 1 Stunde. Doch sollen sie mindestens noch 1 Stunde nachquellen. In dieser Zeit saugen sie die restliche Kochflüssigkeit auf und werden prall und rund.

Grundrezept für gekochte Getreidekörner

250 g Getreidekörner (Weizen, Grünkern, Roggen, Gerste, Hafer, Reis) · ½ l Wasser zum Einweichen · Gewürze und frische Kräuter · ¼–½ l Wasser zusätzlich zum Garen · 1 Teel. Meersalz · 2 Eßl. kaltgepreßtes Pflanzenöl oder Butter

Pro Portion etwa 1195 Joule/285 Kalorien
Einweichzeit für das Getreide: 6–10 Stunden
Garzeit: 1 Stunde
Zeit zum Nachquellen: 1 Stunde

Das Getreide unter fließendem Wasser waschen und in der doppelten Menge Wasser – bei 250 g Getreidekörnern in etwa ½ l – 6–10 Stunden einweichen. Die Getreidekörner im Einweichwasser zum Kochen bringen und bei schwacher Hitze wallend jedoch nicht sprudelnd kochen lassen. Immer wenn das Kochwasser fast aufgesogen ist, etwas Wasser nachgießen. Etwa nach der Hälfte der Garzeit mit Salz, Gewürzen und getrockneten Kräutern würzen. Nach Beendigung der Garzeit im Wasserbad oder in einer Kochkiste mindestens 1 Stunde nachquellen lassen. Erst kurz vor dem Auftragen Fett und frische Kräuter unterrühren.

Körnige Goldhirse

Hirse und Buchweizen garen rascher als andere Getreidesorten. Damit sie körnig kochen, müssen sie vor dem Garen gedarrt werden. Sie verlieren beim Darren auch ihren sonst leicht bitteren Geschmack.

250 g Hirse · ½ l Wasser · 1 Teel. Salz · 2 Eßl.

Butter · frisch gehackte Kräuter (wie Basilikum, Petersilie, Pimpinelle und etwas Thymian)

Pro Portion etwa 1115 Joule/265 Kalorien
Zeit zum Darren: 30–60 Minuten
Garzeit: 15 Minuten
Zeit zum Nachquellen: 40 Minuten

Die Hirse erst kalt und dann heiß in einem Sieb gründlich waschen, sehr gut abtropfen lassen und auf einem Backblech ausbreiten. Die Hirse im Backofen bei höchstens 80° 30–60 Minuten darren. Dabei ab und zu umrühren, damit alle Hirsekörner gleichmäßig darren können. Das Wasser zum Kochen bringen. Die Hirse einstreuen und wallend 15 Minuten kochen lassen. Die Hirse salzen, die Butter unterrühren und die Hirse bei ganz schwacher Hitze 40 Minuten ausquellen lassen. Vor dem Auftragen mit einer Gabel auflockern und die Kräuter unterrühren.

Variante: Gekochter Buchweizen
250 g Buchweizen erst kalt, dann heiß gründlich waschen und wie Hirse darren. Den gedarrten Buchweizen in ½ l kochendes Wasser schütten, 15 Minuten wallend kochen lassen und während des Kochens bis zu ¼ l Wasser nachgießen. Den Buchweizen salzen, gut würzen, 2 Eßlöffel Öl oder Butter unterrühren und zugedeckt bei ganz schwacher Hitze 30 Minuten nachquellen lassen.

Grundrezept für gekochten Getreideschrot

Getreideschrot braucht vor dem Garen (bis auf Roggenschrot) nicht eingeweicht werden. Je nach Getreideart und Qualität gart Schrot in 25–60 Minuten. Zum Nachquellen benötigt Schrot etwa 15 Minuten. Roggenschrot soll vor dem Garen etwa 1 Stunde von Wasser bedeckt weichen können.

250 g grobgeschrotetes Getreide (Weizen, Grünkern, Roggen, Hafer, Gerste) oder Getreidegrütze · ½–1 l Wasser · 1 Teel. Meersalz · Gewürze · 2 Eßl. Butter oder kaltgepreßtes Pflanzenöl

Pro Portion etwa 1115 Joule/265 Kalorien
Zubereitungszeit: 30 Minuten bis 1 Stunde und 10 Minuten

Den Schrot je nach Getreideart bis zu 1 Stunde in ½ l Wasser einweichen, zum Kochen bringen und bei schwacher Hitze 20–60 Minuten kochen lassen. Dabei ab und zu umrühren und wenn nötig etwas kaltes Wasser nachgießen. Das Wasser soll zuletzt völlig aufgesogen sein. Den gegarten Schrot salzen, würzen und die Butter oder das Öl unterrühren.

Mein Tip: Beim Würzen muß man sich danach richten, zu welchem Gericht der Schrot gereicht werden soll oder wie der gegarte Schrot weiterverarbeitet wird. Getreidegerichte fordern uns zum Experimentieren mit Gewürzen geradezu heraus, weil sich das angenehme unaufdringliche Getreidearoma gut mit fast allen Kräutern und Gewürzen verträgt und diese im Getreide ihr Aroma voll entfalten.

Variante: Getreideschrotring
250 g groben Getreideschrot im Einweichwasser garen, salzen, würzen und 3 Eßlöffel Butter unterrühren. Den festen Schrotbrei in eine mit kaltem Wasser ausgespülte Ringform füllen und festdrücken. Den Schrot 15 Minuten im auf 180° vorgeheizten Backofen backen, bis er völlig fest geworden ist und anschließend aus der Form stürzen. Mit einem passenden Gemüsegericht füllen.

Variante: Grünkernkranz
250 g Grünkernschrot in ½ l kochendes Wasser einrühren und 30–40 Minuten garen; wenn nötig wenig kaltes Wasser zugießen. Den Schrotbrei mit 3 Teelöffeln gekörnter Gemüsebrühe und je ½ Teelöffel getrocknetem Thymian und Rosmarin würzen und 50 g Butter unterrühren. Den Backofen auf 180° vorheizen. Eine Ringform mit 1–2 Teelöffeln Butter einfetten. 3 Eßlöffel Sesamkörner in einer Pfanne ohne Fettzugabe unter Rühren goldgelb rösten und die Form damit ausstreuen. Den Schrotbrei einfüllen und 15–20 Minuten im Backofen backen.

Variante: Dreikorngrütze
In Naturkostläden und Reformhäusern gibt es Thermogrütze zu kaufen. Diese Grütze wird besonders schonend mit Wärme behandelt und bekommt dadurch einen leicht malzigen Geschmack. Thermogrütze gart rasch und ist besonders leicht verdaulich.
In ½ l kochendes Wasser 250 g Thermo-Dreikorngrütze und 1 Eßlöffel gekörnte Gemüsebrühe einrühren. Die Grütze etwa 3 Minuten kochen lassen, bis kein Wasser mehr darübersteht. Die Grütze dann 30 Minuten ausquellen lassen, 2 Eßlöffel Butter zufügen und die Grütze mit einer Gabel auflockern. Mit Tekka bestreuen und/oder Basilik (fertige Gewürzmischungen) dazureichen.

Getreideauflauf

250–300 g gekochte Getreidekörner (aus etwa 100 g rohem Getreide, Rezept Seite 90) · 150 g Schrotbrei (aus 60–70 g rohem Schrot, Rezept Seite 91) · 125 g Magerquark · 75 g Haferflocken oder Vollkornzwiebackmehl · 3 Eßl. saure Sahne · 3 Eßl. Distelöl · 1 Teel. Kräutersalz · je 1 Teel. getrocknetes Basilikum und getrockneter Salbei · 3 Eßl. Sonnenblumenkerne · je 2 Eßl. frisch gehackte Petersilie und Schnittlauchröllchen
Für die Form: 2 Teelöffel Butter

Pro Portion etwa 1470 Joule/350 Kalorien
Zubereitungszeit: 1 Stunde

Die Getreidekörner mit dem Schrotbrei, dem Quark, den Haferflocken oder dem Zwiebackmehl, der sauren Sahne, dem Öl, dem Kräutersalz, dem Basilikum und dem Salbei mischen. Die Sonnenblumenkerne in einer Pfanne ohne Fettzugabe unter Rühren goldgelb rösten und mit der Petersilie und dem Schnittlauch unterrühren. Eine Auflaufform mit der Butter ausstreichen, die Auflaufmasse einfüllen und auf der mittleren Schiebeleiste in den kalten Backofen stellen. Den Backofen auf 250° schalten und den Auflauf 45 Minuten backen.

Mein Tip: Die Auflaufmasse abwechselnd mit nicht ganz weich gedünstetem Gemüse einschichten, mit geriebenem Käse bestreuen und mit Butterflöckchen belegen. Der Auflauf kann auch in einer eingefetteten Puddingform im Wasserbad gegart werden. Die Kochzeit beträgt dann 1 Stunde.

Buchweizenklöße

350–400 g gekochter Buchweizenschrot (aus 150 g rohem Schrot, Rezept Seite 91) · 2–2½ Tassen Vollkornzwiebackmehl · 125 g Magerquark · 1–2 Teel. Kräutersalz · 1 Teel. Schabziger Klee · 1 Teel. getrockneter Majoran

Pro Portion etwa 965 Joule/230 Kalorien
Zubereitungszeit: 25 Minuten

Den Buchweizenschrot mit dem Zwiebackmehl, dem Quark, dem Kräutersalz und den getrockneten Kräutern zu einem glatten Teig verrühren und 10 Minuten stehen lassen. Inzwischen reichlich Salzwasser zum Kochen bringen. Gegebenenfalls noch etwas Zwiebackmehl unter den Teig rühren. Mit einem nassen Löffel Klößchen vom Teig abstechen und portionsweise ins kochende Salzwasser legen. Die Hitze reduzieren und die Klöße 10 Minuten im heißen, jedoch nicht mehr kochenden Wasser ziehen lassen. Die Klöße mit dem Schaumlöffel aus dem Wasser heben, abtropfen lassen und warm stellen, bis alle Buchweizenklöße gegart sind.

Variante: Getreide-Schöpfklöße
Diese leichten, lockeren Klöße können während des Dünstens auf Gemüse mitgegart werden oder man läßt sie in Gemüsebrühe gar ziehen. Besonders gut passen die Schöpfklöße zu Sauerkraut oder zu Möhren.
1 Tasse gekochte Getreidekörner mit 2 Tassen gegartem Weizenschrot, 1 Tasse Vollkornzwiebackmehl, 1 Tasse trockenem Magerquark und 2 Eßlöffeln Distelöl mischen, mit Kräutersalz würzen und 4 Eßlöffel frische, gehackte Kräuter unterrühren. Die Masse 10 Minuten ziehen lassen, mit einem nassen Löffel Klößchen abstechen und 20 Minuten vor Beendigung der Garzeit des Gemüses auf das Gemüse setzen und gar ziehen lassen.

Buchweizengrütze

¾ l Wasser · 300 g grobgemahlene Buchweizengrütze · 1 Teel. Salz · 4 Eßl. Butter

Pro Portion etwa 1615 Joule/385 Kalorien
Zubereitungszeit: 2 Stunden

Das Wasser zum Kochen bringen. Den Backofen auf 150° vorheizen. Die Buchweizengrütze in einer Pfanne ohne Fettzugabe unter Rühren rösten, bis sie angenehm duftet. Die Grütze mit dem Salz mischen, in eine feuerfeste Form füllen und mit dem kochend heißen Wasser übergießen. Die Buchweizengrütze im Backofen auf der mittleren Schiebeleiste 1 Stunde und 45 Minuten ausquellen lassen und vor dem Auftragen die Butter unterrühren.

Getreidebratlinge

¾ l Gemüsebrühe oder Wasser und 1½ Eßlöffel gekörnte Gemüsebrühe · 75 g feingeschrotetes Getreide (Gerste, Weizen, Roggen, Grünkern) · 75 g Haferflocken · 1 Zwiebel · 1 Eßl. Öl · 2 Eßl. Sojamehl · 75 g gemahlene Haselnüsse · 1 Teel. Meersalz · 3 Eßl. frische, gehackte Petersilie oder gemischte frische Kräuter · 2 Eßl. Sonnenblumenöl

Pro Portion etwa 1050 Joule/250 Kalorien
Zubereitungszeit: 45 Minuten

Die Gemüsebrühe oder das Wasser mit der gekörnten Brühe zum Kochen bringen. Den Schrot und die Haferflocken unter Rühren mit dem Schneebesen einrieseln lassen. Die Herdplatte abschalten und den Schrot und die Haferflocken 20 Minuten ausquellen, jedoch nicht mehr kochen lassen. Inzwischen die Zwiebel schälen und würfeln und im Öl goldgelb braten. Die gebratenen Zwiebelwürfel mit dem Sojamehl, den Haselnüssen, dem Salz und der Petersilie unter den Schrotbrei rühren und flache, etwa handtellergroße Bratlinge daraus formen. In einer Pfanne das Sonnenblumenöl erhitzen und die Bratlinge bei mittlerer Hitze in etwa 10–12 Minuten von beiden Seiten goldbraun braten.

Variante: Haferplätzchen
100 g Buchweizenmehl mit 150 g gemahlenen Haselnüssen, 1 Teelöffel Meersalz, ½ Teelöffel frisch geriebener Muskatnuß, 4 Eßlöffeln Öl und 1½ Tassen Mineralwasser verrühren. 200 g gekochte Haferkörner (etwa 75 g roher Hafer, Rezept Seite 90) unterrühren und in Häufchen auf ein gefettetes Backblech setzen. Auf der mittleren Schiebeleiste in den kalten Backofen schieben und bei 200° 25–30 Minuten backen.

Polenta

1½ l Wasser · 1 Eßl. gekörnte Gemüsebrühe · je 1 Teel. getrockneter Majoran und Rosmarin oder Salbei · 400 g grober Maisgrieß · 2 Messerspitzen frisch geriebene Muskatnuß · 3 Eßl. Butter · 60 g frisch geriebener Parmesankäse oder Pecorinokäse

Pro Portion etwa 2205 Joule/525 Kalorien
Zubereitungszeit: 45 Minuten

Das Wasser mit der gekörnten Gemüsebrühe und den getrockneten Kräutern zum Kochen bringen. Unter Rühren mit dem Schneebesen den Maisgrieß einrieseln lassen und bei schwacher Hitze 20 Minuten kochen lassen. Dabei ständig umrühren. Den Muskat unterrühren und den Maisgrießbrei auf der abgeschalteten Kochplatte, besser noch in einer Kochkiste, 20 Minuten nachquellen lassen. Vor dem Servieren die Butter und den geriebenen Käse unterarbeiten.

Variante: Gebratene Polentascheiben
Die Polenta kochen, würzen und ausquellen lassen, jedoch weder Butter noch Käse unterrühren. Den Maisbrei etwa 1 cm dick auf eine mit Wasser abgespülte Platte streichen und erkalten lassen. Die Polenta in gleich große Rechtecke oder Quadrate schneiden und diese zuerst in Vollkornweizenmehl, dann in verquirltem Ei und zuletzt in Vollkornbröseln wenden und in Olivenöl von beiden Seiten goldbraun braten.
Oder jeweils zwischen 2 Polentascheiben gleich große dicke Scheiben Greyerzer Käse legen. Die gefüllten Polentascheiben panieren und braten.

Naturreis

250 g Naturreis · 1 l Wasser oder Gemüsebrühe · 1–2 Teel. Meersalz oder 1 Eßl. gekörnte Gemüsebrühe · 1 Eßl. Butter oder Distelöl oder ein Keimöl · frische Kräuter wie Kerbel, Petersilie, Pimpinelle, Schnittlauch, Sellerieblätter, Zwiebelgrün

Pro Portion etwa 1050 Joule/250 Kalorien
Zeit zum Einweichen: 10–12 Stunden
Zubereitungszeit: 30–40 Minuten

Den Reis in einem Sieb unter fließendem Wasser gründlich waschen und in dem Wasser oder der Gemüsebrühe 10–12 Stunden quellen lassen. Der Reis im Einweichwasser zum Kochen bringen und zugedeckt bei schwacher Hitze in 30–40 Minuten ausquellen lassen. Falls die Flüssigkeit aufgesogen, der Reis aber noch nicht weich ist, noch etwas heißes Wasser oder heiße Brühe zugießen. Kurz vor Beendigung der Garzeit mit dem Salz oder der gekörnten Gemüsebrühe würzen. Die Butter oder das Öl an den gegarten Reis geben. Die Kräuter waschen, trokkenschleudern, feinhacken und unterrühren.

Tip: Statt frischer können Sie auch getrocknete Kräuter wie Basilikum, Liebstöckel oder Thymian verwenden. Sie sollten jedoch mindestens 15 Minuten mitkochen, damit sie ihr Aroma voll entfalten können.

Kartoffelgerichte

Zu guter Letzt noch eine Handvoll einfacher aber guter Kartoffelgerichte, die zu jedem Gemüse passen. Die Kartoffel enthält zwar nicht annähernd soviel Eiweiß wie Getreide, dafür aber hochwertiges, das in anderen pflanzlichen Lebensmitteln fehlt, außerdem viele Vitamine und Mineralstoffe.

Gebratene neue Kartoffeln

1,25 kg kleine, neue Kartoffeln · 2 Eßl. Olivenöl · 100 g Butter · 1 Teel. Meersalz · 1 Teel. gemahlener Kümmel · 2 Messerspitzen weißer Pfeffer, frisch gemahlen

Pro Portion etwa 2290 Joule/545 Kalorien
Zubereitungszeit: 50 Minuten

Die Kartoffeln unter fließendem warmem Wasser sehr gut bürsten, abtropfen lassen und trockentupfen. Das Öl mit der Butter in einer großen Pfanne oder einem flachen Topf mit großem Durchmesser gut heiß werden lassen. Die rohen Kartoffeln ins Fett geben und mit dem Salz, dem Kümmel und dem Pfeffer bestreuen. Die Kartoffeln zugedeckt bei schwacher Hitze 30–40 Minuten braten. Die Pfanne dabei öfter rütteln, damit die Kartoffeln nicht anbrennen. Die Kartoffeln sollen innen weich, außen goldbraun und knusprig gebraten werden.

Kartoffelgratin

1,25 kg mehlig kochende Kartoffeln · 50 g Butter · 2 Teel. Kräutersalz · 1 Messerspitze weißer Pfeffer, frisch gemahlen · 1 Messerspitze frisch geriebene Muskatnuß · 200 g Sahne · 3 Eigelbe

Pro Portion etwa 2140 Joule/510 Kalorien
Zubereitungszeit: 40 Minuten
Backzeit: 25 Minuten

Die Kartoffeln waschen und ungeschält in etwa 25 Minuten weich dämpfen oder kochen. Die Kartoffeln schälen und noch heiß durch eine Kartoffelpresse drücken oder feinreiben. Die Butter bis auf 2 Teelöffel für die Form mit dem Salz, dem Pfeffer und dem Muskat unterrühren. Die Sahne unterarbeiten und die Masse etwas auskühlen lassen. Den Backofen auf 200° vorheizen, eine feuerfeste Form mit der restlichen Butter ausstreichen. Die Eigelbe unter das Kartoffelpüree rühren. Die Masse in die Form füllen und im Backofen auf der mittleren Schiebeleiste in etwa 25 Minuten goldbraun backen.

Variante: Kartoffelschnee
Die Kartoffeln ebenfalls in der Schale garen, schälen und durchpressen. Den Kartoffelschnee locker mit sehr fein gewiegten Kräutern und ½ Teelöffel Kräutersalz mischen.

Variante: Kartoffelsterz
750 g mehlig kochende Kartoffeln in der Schale garen, schälen und durchpressen. Den Kartoffelschnee mit 250–300 g Vollkornweizenmehl, 2 Eiern, 1 Tasse Buttermilch, 2 Teelöffeln Meersalz, ½ Teelöffel schwarzem Pfeffer und 2 Messerspitzen Muskatnuß mischen und zu einem festen Teig kneten. Portionsweise in der Butter in einer Pfanne goldbraun braten und den Teig dabei zerstoßen; die einzelnen Stücke wenden.

Variante: Kartoffelpüree
1 kg mehlig kochende Kartoffeln in der Schale garen, schälen und durchpressen. ¼ l heiße Milch, 50 g Butter, 1 Teelöffel Meersalz und 1 Messerspitze frisch geriebene Muskatnuß unterrühren. Das Püree mit dem Schneebesen schlagen, bis es ganz locker geworden ist.

Solche Pressen sind zum Durchtreiben gekochter Kartoffeln sehr geeignet.

Variante: Grünes Kartoffelpüree
100 g Spinat verlesen, waschen, ohne Wasserzugabe 3 Minuten dünsten, abtropfen lassen, das Spinatwasser auffangen und den Spinat feinhakken. Das Kartoffelpüree zubereiten, jedoch die Milch zur Hälfte durch Spinatwasser ersetzen und zuletzt den gehackten Spinat unter das Püree rühren. Statt Spinat können auch junge Brennesselblätter verwendet werden. Außerdem noch frisch gehackte Kräuter zufügen.

Gebackene Kümmelkartoffeln

Das ist eine sehr einfache Art, Kartoffeln wohlschmeckend und bekömmlich zuzubereiten. Der Duft, der nach einiger Zeit aus dem Backofen dringt, ist sehr verlockend. Die glänzenden Schalen der gebackenen Kartoffeln sehen besonders appetitlich aus. Das ganze erinnert ein wenig an die herbstlichen Kartoffelfeuer auf den Feldern, in denen früher nach der Ernte die letzten Kartoffeln gebacken wurden.

750 g mittelgroße, längliche Kartoffeln (8–10 Stück) · 2 Eßl. Sonnenblumenöl · 2 Teel. Kümmel · 1 Teel. Meersalz

Pro Portion etwa 775 Joule/185 Kalorien
Zubereitungszeit: 50–60 Minuten

Die Kartoffeln unter fließendem Wasser sehr gründlich bürsten, trockenreiben und quer halbieren. Den Backofen auf 180° vorheizen. Ein Backblech dünn mit Öl einfetten. Den Kümmel mit dem Salz mischen und jede Kartoffelhälfte mit der Schnittfläche in die Kümmelmischung drücken. Die Kartoffeln mit der Schnittfläche nach unten auf das Backblech setzen und die Schalen der Kartoffeln mit dem restlichen Öl bestreichen. Die Kartoffeln auf der zweiten Schiene von oben 45–55 Minuten im Backofen garen.

Variante: Kümmelkartoffeln in der Form
Die Kartoffeln unter fließendem Wasser gründlich bürsten und ungeschält in dünne Scheiben schneiden oder hobeln. Je 2 Teelöffel gemahlenen Kümmel, getrockneten Majoran, Kräutersalz und eine Tasse saure Sahne unterrühren.
Die Kartoffelmasse in eine gebutterte Auflaufform füllen und im auf 200° vorgeheizten Backofen in 25–30 Minuten goldbraun backen.

Gefüllte Bataten in der Folie

4 große Bataten (Süßkartoffeln, etwa 750 g) · 60 g Walnußkerne · 1 Bund Petersilie · 2 Eßl. Ahornsirup oder Apfeldicksaft · ½ Teel. Kräutersalz · 1 Messerspitze frisch geriebene Ingwerwurzel · 1 Messerspitze schwarzer Pfeffer, frisch gemahlen · 2 Eigelbe · 2 Eßl. Sahne · 1 Eßl. Distelöl

Pro Portion etwa 1385 Joule/330 Kalorien
Zubereitungszeit: 1 Stunde und 10 Minuten

Die Bataten unter fließendem Wasser sehr gut bürsten und ungeschält von Wasser bedeckt

20 Minuten kochen lassen. Das Wasser abgießen, die Bataten etwas auskühlen lassen. Die Walnußkerne hacken. Von jeder Batate an einer Längsseite eine Kappe abschneiden und die Bataten mit einem spitzen Teelöffel aushöhlen, jedoch dabei einen etwa 1 cm dicken Rand stehen lassen. Die Petersilie waschen, trockentupfen und feinhacken. Den Grill vorheizen. Das Batatenfleisch zerdrücken und mit den gehackten Walnußkernen, dem Ahornsirup oder Apfeldicksaft, dem Kräutersalz, dem Ingwer, dem Pfeffer, den Eigelben, der Sahne und der Petersilie verrühren. Die ausgehöhlten Bataten damit füllen, die Kappen daraufsetzen. 4 Stück Alufolie auf einer Seite mit dem Öl bestreichen. Die Bataten daraufsetzen, die Folie über den Bataten zusammenschlagen und die Ränder durch Umknicken fest verschließen. Die Bataten auf den Grillrost setzen und 20 Minuten grillen. Nach 10 Minuten Grillzeit die Bataten einmal wenden.

Batatengratin

1 kg Bataten (Süßkartoffeln) · 1 Eßl. Butter · 2 Teel. mildes Paprikapulver · 2 Teel. Kräutersalz · 2 Messerspitzen Cayennepfeffer · ¼ l Sahne

Pro Portion etwa 1745 Joule/415 Kalorien
Zubereitungszeit: 1 Stunde

Die Bataten unter fließendem Wasser gründlich bürsten und in dünne Scheiben schneiden. Den Backofen auf 220° vorheizen. Eine flache Auflaufform mit der Butter ausstreichen und etwa ¼ der Batatenscheiben auf dem Boden der Form verteilen. Die Bataten mit Paprikapulver, Kräutersalz und etwas Cayennepfeffer bestreuen. Wiederum ¼ der Bataten einfüllen, würzen und so fortfahren, bis alle Batatenscheiben eingeschichtet sind. Die Sahne gleichmäßig darübergießen und den Auflauf im Backofen auf der mittleren Schiebeleiste in 40 Minuten goldbraun backen.

Das paßt dazu: Kürbiscurry (Rezept Seite 58) oder Chinakohl mit frischen Feigen (Rezept Seite 59)

Variante: Kreolische Bataten
Die Bataten wie Pellkartoffeln garen, schälen, längs halbieren und mit den Schnittflächen nach unten in eine gebutterte Auflaufform legen. 2 Eßlöffel Honig, 2 Teelöffel Meersalz, ½ Teelöffel gemahlene Muskatblüte (Macis) und die abgeriebene, unbehandelte Schale von 1 Orange darüberstreuen. 50 g Butter zerlassen, die Bataten damit übergießen und im auf 220° vorgeheizten Backofen 30 Minuten backen.

Kleine Vollwert-Warenkunde

Nachstehend sind in alphabetischer Reihenfolge Waren genannt, die in der Vollwertküche oft verwendet werden, die vielleicht nicht jeder kennt und solche, die vielen bekannt sind, für die aber einige Hinweise nötig sind.

Agar-Agar
Pflanzliches Geliermittel aus getrockneten Meeresalgen gewonnen, als fadenförmige Algen und gemahlen im Reformhaus erhältlich. Agar-Agar enthält natürliches Jod und ist achtmal so quellfähig wie herkömmliche Gelatine, die aus entfetteten Tierknochen hergestellt wird.

Ahornsirup
Dünnflüssiger, dunkelbernsteinfarbener Sirup, aus dem Saft junger kanadischer Ahornbäume gewonnen. Ahornsirup ist nicht ganz so süß wie Honig, aber sehr aromatisch. Der Sirup wird in einem langen, recht arbeitsaufwendigem Verfahren gewonnen. Doch ist er ein reines Naturprodukt ohne Zuckerzusatz. Er ist dementsprechend kostbar. Verwenden Sie ihn wie ein Gewürz teelöffel-, höchstens eßlöffelweise. Selbst in Kanada, dem Land des »maple sirup«, so heißt er dort, gilt Ahornsirup als etwas besonders Gutes.

Apfeldicksaft
Das ist der durch Erhitzen eingedickte konzentrierte Saft von Äpfeln ohne weitere Zusätze. Es ist ein sparsam zu verwendendes gesundes Süßmittel. Apfeldicksaft schmeckt leicht säuerlich. Es gibt auch Birnendicksaft, der mild und sehr süß ist. Mit beiden lassen sich Gemüsegerichte köstlich abrunden, es genügt jeweils ein Teelöffel.

Arrowroot
Ein Bindemittel aus der stärkehaltigen Pfeilwurzel. Im Gegensatz zu Maisstärkemehl, einem Auszugsprodukt aus Maiskorn, enthält Arrowroot die ganze Substanz der Pfeilwurzel, ohne die in dieser Wurzel enthaltene giftige Blausäure. Arrowroot gibt den mit ihr gebundenen Gerichten eine feine, sämige Konsistenz.

Basilik
Basilikumblätter in Maiskeimöl mit Zusatz von Meersalz und Knoblauch eingelegt. Paßt gut zu Getreidegerichten, zu Teigwaren, zu allen Gerichten mit Tomaten und schmeckt auch gut aufs Butterbrot. Basilik gibt es in 90 g-Gläsern in Naturkostläden zu kaufen.

Gekörnte Gemüsebrühe
Dieses Produkt wird aus Gemüse, Kräutern, Meersalz und Hefeextrakt hergestellt. In Naturkostläden gibt es die sehr schmackhafte, leicht lösliche Sekowa-Brühe zu kaufen. Sie ist reich an essentiellen Fettsäuren und enthält kein Cholesterin. 2 gestrichene Teelöffel davon genügen für ¼ l Brühe. Sie eignet sich zum Würzen aller Gemüse- und Getreidegerichte und ersetzt notfalls eine Brühe aus frischem Gemüse.

Gomasio
Das ist eine Mischung aus gerösteten feingemahlenen Sesamkörnern und geröstetem Meersalz mit einem nußartigen Geschmack. Das Gewürz ist reich an leichtverdaulichem Eiweiß und Mineralstoffen. Gomasio gibt es in Naturkostläden und im Reformhaus zu kaufen. Man kann ihn aber auch selbst zubereiten. Dafür werden 250 g Sesamsamen mit 3 Eßlöffeln feinem Meersalz gemischt und auf einem Backblech im Backofen bei einer Temperatur von etwa 80° 45 Minuten geröstet, bis die Sesamkörner sich dunkler färben und angenehm duften. Die Mischung abkühlen lassen und anschließend in der Mandelmühle feinmahlen. Man würzt und ergänzt damit Kartoffeln, Naturreis oder Vollkornnudeln.

Kleine Vollwert-Warenkunde

Kräuter
Garten- und Wildkräuter sind ein wichtiger Bestandteil der Vollwertküche. Die in ihnen enthaltenen ätherischen Öle und Aromastoffe, denen sie ihre Würzkraft verdanken, regen den Appetit und die Verdauung an. Außerdem üben Vitamine, Mineralien und Spurenelemente, an denen alle Kräuter reich sind, eine Heilwirkung aus. Wir sollten möglichst oft frische Kräuter verwenden, in denen die Stoffe noch alle lebendig sind. Dabei ist es sehr wichtig, daß die Kräuter immer erst unmittelbar vor der Verwendung gewaschen und zerkleinert werden.

Meersalz
Meersalz ist wie anderes Speisesalz eine Verbindung aus Chlor und Natrium, doch enthält es noch eine große Menge anderer Mineralsalze und Spurenelemente und ist deshalb für unsere Ernährung wertvoller als Salinensalz.

Öle
Die besten Öle sind kaltgepreßte, mit einem hohen Anteil an ungesättigten Fettsäuren. Unser Körper kann diese lebenswichtigen Stoffe nicht selbst bilden. Darum müssen wir sie uns täglich in unserer Nahrung zuführen. Der Anteil an diesen Fettsäuren, die bekannteste ist die Linolsäure, ist in den verschiedenen Ölsorten nicht gleich. Am meisten mehrfach ungesättigte Fettsäuren enthalten Distelöl, alle Keimöle und Leinöl. Dennoch dürfen wir nicht nur diese Sorten in der Vollwertküche verwenden. Zum Kochen, Backen und Braten sind sie nämlich weniger gut geeignet, weil sie nicht hitzestabil sind. Sie »verharzen« und sind dann sogar gesundheitsschädlich. Zum Erhitzen eignet sich kaltgepreßtes Sonnenblumenöl und kaltgepreßtes Olivenöl besser. Distel-, Keim- und Leinöl sind Salatöle. Sie können einem gekochten Gericht zugefügt werden. Für gegartes Getreide sind sie sehr zu empfehlen.

Pilzpulver
Getrocknete, zu Pulver gemahlene würzige Pilze. Das Gewürz gibt es in guten Lebensmittelgeschäften und im Reformhaus. Es schmeckt vor allem in kräftigen Gemüseeintöpfen, aber auch gut in Füllungen, beispielsweise für Krautwickel.

Sojamark
Aus fettarmem Sojamehl gewonnenes, sehr eiweißreiches Nahrungsmittel. Sojamark kann in der vegetarischen Küche als Fleischersatz dienen. Seine Vorteile sind sein niedriger Fettgehalt und die vielfältigen, unkomplizierten Zubereitungsmöglichkeiten – es läßt sich beispielsweise wunderbar würzen, weil es selbst wenig Eigengeschmack hat und fremde Aromen gut annimmt.

Tekka
Tekka ist eine fast schwarze, lockere, feinkrümelige Gewürzmischung aus fermentiertem Soja, Möhren, Zwiebeln, Lotoswurzelpulver, Sesamöl und Meersalz. Man kann damit Gemüse-Getreidegerichte abrunden und Salate würzen. Gut schmeckt diese Würze auch auf gebuttertem Vollkornbrot. Tekka soll nicht mitgekocht oder erhitzt werden. Es enthält reichlich Vitamine, Mineralstoffe und Spurenelemente. Tekka gibt es in Naturkostläden.

Vollkornbrösel
Das ist die gesunde Alternative zu den sonst üblichen Semmelbröseln. Vollkornbrösel brauchen wir zum Überbacken von Gemüsegerichten und zum Lockern von Füllungen oder Klößen. Es gibt sie in Naturkostläden fertig zu kaufen. Man kann sie auch sehr einfach selbst herstellen, indem man hartgewordene Vollkornbrötchen oder auch Vollkornbrot mit einem hohen Weizenanteil feinreibt. Das ist eine empfehlenswerte Methode, altgewordenes Brot sinnvoll zu verwerten.

Rezept- und Sachregister

Kursiv gesetzte Seitenzahlen verweisen auf Farbbilder.

Rezept- und Sachregister